D1647652

Mientras tú bebías…

Mientras tú bebías…

Un relato de luz y esperanza
para los familiares de un enfermo alcohólico

Anna García Gollaz

EDICIONES URANO
Argentina — Chile — Colombia — España
Estados Unidos — México — Uruguay — Venezuela

1ª edición: octubre, 2015.

© 2015 *by* Ana Elaine García Gollaz
© 2015 *by* EDICIONES URANO, S.A.U. Aribau,142, pral.—08036, Barcelona
EDICIONES URANO MÉXICO, S.A. DE C.V.
Avenida de los Insurgentes Sur #1722, 3er piso, Col. Florida, C.P. 01030
Álvaro Obregón, México, D.F.

www.edicionesurano.com
www.edicionesuranomexico.com

ISBN: 978-607-748-002-0

Fotocomposición: Marco Bautista

Impreso por Impresos Vacha, S.A. de C.V.
José María Bustillos No. 59, col. Algarín
C.P. 06880, México, D.F.

Impreso en México — *Printed in México*

Índice

Dedicatoria

A José Pablo. Por preguntarme cada día, desde que comencé a escribir estas páginas ¿cuántas hojas llevas mami?

Eres el hijo que siempre soñé tener. El amor que despiertas en mí es inenarrable.

A mí misma. Por quince años de trabajo incansable para llegar a amarme como me amo hoy, después de haberme lastimado tanto ¡nos falta mucho flaca! ¡Pero cómo hemos avanzado!

A ti, que, estás o has estado inmerso en la locura de una familia disfuncional... y te preguntas si existe una manera diferente de vivir...

Te aseguro que ¡sí la hay!

Agradecimientos

Gracias mami, porque aunque no heredé la belleza de tus ojos, veo con infinita alegría que mis talentos más valiosos... son indudablemente una extensión de los tuyos.

Gracias papi, por tus canciones, tu sencillez, tu cariño y por creer en mí como lo haces.

Gracias a ambos, porque cuando bailaban al son de un bolero, yo pude percibir el amor infinito con que se miraban el uno al otro... y eso... me fortaleció más que cualquier otra cosa en la vida.

Gracias a ti hermana, por haber sido, a veces mi madre, a veces mi hija, pero siempre mi amiga incondicional, ¡tú sabes cuánto te amo!

Gracias a mis dos hermanos varones por el cariño y el respaldo que ambos me han podido brindar. Han sido un gran aliciente en mi vida. ¡Los adoro!

A Claudia, por el apoyo y la motivación que me dio para realizar este proyecto. No sé qué sería de mí sin las risas y las lágrimas que he podido compartir contigo. ¡Eres uno de los grandes amores de mi vida, prima!

A ti Arturo, por la paciencia y el cariño que me brindaste durante los ocho años que compartimos y sobre todo, por el hijo maravilloso que procreamos juntos. Fuiste, eres y serás siempre... ¡alguien muy importante en mi vida!

Gracias Ana Paula, por haber sido el primer espejo en que Dios reflejó su luz, para mostrarme un camino de recuperación y esperanza. Sin la fortaleza que me han dado tu compañía y tu experiencia nada hubiera sido igual. No hace falta recordarte ¡lo mucho que te quiero!

Gracias Salvador Valadez, por tu sabiduría y tu fe. Antes de conocerte, no tenía idea de lo bien que se puede vivir, a pesar de todos los pesares. No me gusta la ciencia ficción, así que este libro hubiera sido muy diferente si no existiera en la vida real un personaje fuera de serie como el que tú representas. Además, agradezco tu autorización para citar algunos de tus conceptos dentro de esta obra.

Gracias a Jaime Abaid, mi compañero de vida, mi complemento, mi cómplice de sueños y locuras. Siempre supe que algún día te encontraría, te amo.

Gracias a todas y cada una de las voces que Dios ha utilizado para recordarme cuánto me ama y lo que espera de mí.

Y a ustedes mis amigos, por ser los hermanos del alma que elegí y que me han elegido para acompañarnos en esta maravillosa aventura llamada Vida.

Pero sobre todo, a ti, mi Dios... que tienes tantos nombres, pero siempre eres el mismo. ¡Por todo y por tanto!, entregarte mi vida y mi voluntad ha sido la mejor decisión que he tomado en toda mi existencia.

Prólogo

Escribir el prólogo de un libro sobre la disfuncionalidad que se nos regala a quienes compartimos espacios de vida con un enfermo de alcoholismo, no es algo que hubiera pensado hacer en la vida, pero, cuando Anita, ejemplar compañera de crudas emocionales, me lo pidió, acepté de inmediato... Bueno, tal vez lo pensé un poco, por no tener las virtudes literarias y el toque que ella tiene para convertir el drama en una bella historia de amor y esperanza.

Inmediatamente surgió la interrogante, este prólogo, en su posición introductoria, ¿haría justicia a la poética narrativa, venciendo la tentación de exaltar virtudes de los protagonistas, sus vivencias, sus lecciones de vida y sus diálogos?

La respuesta me la dio Anita al invitarme a ser yo el que lo escribiera, aquel renuente e incrédulo compañero suyo en las primeras reuniones de crecimiento que compartimos, y quien después se convirtió en un convencido de que los pasos y tradiciones del programa, el grupo, la literatura y el padrino, realmente apuntalan una vida mejor.

Desde el inicio, este libro nos atrapa, y nos hace compartir las emociones y los sentimientos de sus protagonistas, tan vigentes y tan parecidos a nosotros mismos, de una manera sensible que libera el deseo de intervenir. Nos lleva a las profundidades del problema de la enfermedad del alcoholismo, centrándose en quienes estamos atrapados en ese remolino devastador que es la codependencia, sin ninguna pretensión prescriptiva o de catequesis.

El capitulado del libro abarca, sin ser exhaustivo ni excluyente, los diferentes momentos en la vida de quienes hemos sido tocados por el alcoholismo, desde lo cotidiano hasta lo espiritual.

El libro realmente es un regalo de ayuda, un regalo de vida, escrito de forma sencilla, sin figuras retóricas en pos de reconocimiento literario, y con una profunda intención de llegar al fondo de nuestros corazones, lo cual logra a través de la sinceridad de sus personajes y lo real de las situaciones.

Anita, profunda conocedora y testimonio viviente del programa, es una figura emblemática en las familias disfuncionales por causa del alcoholismo. Demasiado joven y demasiado frágil, pensábamos hace algún tiempo, para exponer de manera tan natural su propia historia de vida, con tal claridad de conceptos y con tanta riqueza al compartirla.

Un remanso en nuestras complicadas vidas, siempre un placer verla compartir, sincera, afectuosa, elocuente, profundamente comprometida con prestar oído a quien lo necesite, y siempre dispuesta al regalo de un abrazo.

El libro nos hace entrar en la claridad, encontrarnos en sus personajes o reconocer en ellos a quienes están cercanos a nosotros, invitándonos a creer que se puede vivir diferente, después de que, como dice Salvador Valadez, "hemos vivido tanto tiempo mal, que creemos que eso es vivir bien".

Soy Paco
y soy familiar de alcohólicos.

Capítulo I

Un viaje inesperado

He meneado este café por casi treinta minutos y la historia de mi buena amiga Lucía no parece cambiar desde los últimos años, me digo en silencio, mientras doy un sorbo más a mi taza medio vacía. Ella era, prácticamente, la única amiga contemporánea que tenía y también la más querida.

Por alguna extraña razón siempre he tenido mejores relaciones interpersonales con personas mayores a mí que, inexplicablemente, buscan mis consejos y de vez en cuando un hombro para llorar. Desde niña fui muy extraña, manifestaba más interés por estar presente en las pláticas de los adultos que por jugar con los hijos de las señoras que con frecuencia visitaban a mi madre para pedirle apoyo y consuelo en sus problemas. Supongo que, de manera inconsciente, quise parecerme a ella en ese aspecto.

Siempre admiré su belleza, su buen gusto para vestir y decorar nuestra casa. Su carácter sociable y amable para con los demás. Recuerdo que los festivales escolares eran un gran acontecimiento para mí, pues significaban la oportunidad de presumir a mi madre frente a toda la escuela. Al verla entrar por la puerta principal del colegio, jaloneaba discretamente a la compañera que me precedía en la larga fila de las niñas de tercero de primaria, para señalarle, orgullosa, que aquella señora rubia, que fácilmente podría ser confundida con una artista de cine, era mi mamá.

Sólo había algo que me hacía admirarla aún más que sus grandes ojos verdes y su porte de diva, su don de gentes. Nunca vi a nadie salir de la casa de mi madre con la misma tristeza y desesperanza en los ojos con la que había entrado. Martha poseía algo especial y enigmático, que hacía que, al hablarles a sus amigas, se transformaran sus penas y conflictos en fortaleza y fe.

—Amiga ¿qué tanto miras a ese muchacho? No me digas que ahora, justo antes de casarte, descubriste que te gusta cambiar pañales —Preguntó sarcástica Lucía, aburrida de escucharse contar una y otra vez su eterna historia de compras y viajes alrededor del mundo con su nuevo amante millonario.

—No sé por qué me provocan tristeza los adolecentes —Contesté con la mirada clavada en una mesa de tres chicos que no podrían tener más de 16 o 17 años.

Uno de ellos manoteaba y gesticulaba con verdaderos aires de grandeza frente a sus amigos. No sé de qué hablaban, pero cualquiera que fuera el tema, ese chico sentía tener el mundo a sus pies y a sus receptores en el bolsillo.

—¿Qué pasará cuando llegue a casa? —Pensé en voz alta.

—¿De qué hablas?, son casi las nueve de la noche. Llegará a cenar, a ver televisión y a dormir, igual que todo el mundo—. Contestó Lucía frunciendo el ceño y meneando la cabeza como lo hacemos normalmente al responder preguntas que nos parecen tontas.

Y en verdad era una pregunta tonta, pero algo que ni yo misma sabía explicar se movió dentro de mí en aquel momento. Tal vez era sólo el reflejo de la adolescente interior tan lastimada que vivía aún en mí a mis casi 29 años, y que pude aliviar hasta el día en que cuatro maravillosos seres reaparecieron en mi vida, entre otras cosas, para obligarme a hurgar entre los escombros más penosos de mi historia familiar.

—En fin, no malgastes tu turno con reflexiones raras sobre adolescentes. Mejor cuéntame ¿cómo van los preparativos de tu boda con el insoportable abogado Guillén?

—Qué mala eres Lucía, Álvaro no te ha hecho nada para que lo odies tanto.

—A mí no, pero si abrieras los ojos, te darías cuenta de lo que sí te hace a ti. ¿En verdad quieres casarte con él Marian?

Evadí su pregunta, argumentando lo tarde que era.

Me despedí de Lucía con el abrazo fuerte y cálido de siempre. Nuestras diferencias de opinión y los estilos de vida tan opuestos nunca interfirieron en el cariño y la confianza que nació entre nosotras desde que éramos niñas.

En verdad éramos muy diferentes, pero ahora comprendo que justo en esas diferencias radicó el éxito de nuestra amistad, pese a no estar casi nunca de acuerdo, nos aceptábamos y nos apoyábamos incondicionalmente. Éramos cómplices y compañeras inseparables.

Para ella, la vida era un juego divertido que yo no sabía jugar. Decía "si los problemas tienen solución, ¡para qué te preocupas! y, si no la tienen ¿para qué te preocupas?

Pasó mucho tiempo antes de que yo pudiera reconocer la sabiduría escondida en las palabras de mi frívola pero encantadora amiga.

¡Dios mío!, ¡cinco llamadas perdidas! Me percaté al subir al auto y escuchar el aviso del descenso de batería en mi celular. Álvaro debe estar histérico... pensé, mientras marcaba su número, pero no pude hablar más que con una grabadora.

—Hola amor, perdona que me reporte hasta ahora. Por descuido dejé el celular en el auto. Te mando un beso.

No era de extrañar que el buzón de mensajes estuviera activado. Mi novio solía expresar su enojo con el silencio. Y, si había algo que lo molestara de verdad, era sentir que perdía el control sobre mí.

Nunca estuve segura de que lo que me unía a aquel hombre fuera realmente amor, pero los vínculos que me ataban a Álvaro eran muy fuertes y mi autoestima demasiado baja para atreverme a cuestionarlos. Lo preocupante del asunto era que, a pesar de mis dudas, llevábamos más de tres años de noviazgo y estábamos a punto de casarnos.

Sus celos y su posesividad eran incómodos pero, de alguna forma, había aprendido a sobrellevarlos.

"Preocúpate el día en que te ignoren", decía mi madre, que siempre encontraba alguna justificación a los errores de Álvaro, con tal de persuadirme cada vez que yo intentaba finalizar aquella relación que en ocasiones me asfixiaba.

Siempre me costó entender la adoración que mi mamá tenía por él, ya que ninguno de mis novios anteriores había sido de su agrado. Decía haber encontrado en Álvaro al hijo que sentía haber perdido en mi hermano Gabriel, con quien rompió relación cinco años atrás, luego de un terrible desencuentro entre ellos el día en que enterramos a mi padre.

Camino a casa mis pensamientos parecían un rompecabezas desarmado sin saber por dónde comenzar a unirlos. La boda estaba a sólo tres meses de distancia y lo único que tenía listo era el vestido de novia que mi madre se había empeñado en comprar, pese a mi opinión.

Pero ponerse a discutir con Martha Jiménez, viuda de Toledo, era una batalla perdida de antemano. Además de reconocer, en el fondo, que la más ilusionada con aquel evento, a final de cuentas, era ella.

Falta recoger las invitaciones, elegir el banquete y las flores de la iglesia, repasaba en silencio mientras el semáforo estaba en rojo.

¿De verdad quieres casarte con Álvaro? Irrumpió abruptamente en mis pensamientos la pregunta que me había hecho Lucía minutos antes.

Era una pregunta que no podía o no quería contestar. De pronto, me asaltó un inesperado ataque de ansiedad, sentí una opresión asfixiante en el pecho y unas ganas inmensas de llorar. Me sentía profundamente confundida y asustada ante mi actitud. Se supone que una novia debe estar radiante y feliz por tan memorable acontecimiento, pero yo no lo estaba y no podía seguir pretendiendo que no me daba cuenta.

A casi tres cuadras de llegar a mi casa, doblé el volante bruscamente en dirección contraria y me dirigí al departamento de Álvaro. Estacioné el auto y saludé al conserje del edificio con tan sólo un gesto porque la voz no me respondió.

Toqué a la puerta mientras respiraba tan profundo como la ansiedad me lo permitía.

—¿Quién?

—¡Marian!

—No te esperaba, ¿de dónde vienes? —Me cuestionó en tono molesto una vez que me abrió.

—Necesito que hablemos. —Repliqué sin titubeos.

—¡Claro princesa! —Contestó cambiando radicalmente la rigidez de su voz, al sentirse desconcertado por mi actitud.

Y como volcán en erupción, comencé a arrojar enormes fumarolas de palabras temblorosas y ambiguas que parecían no tener sentido, pero que después de varias lágrimas, formulé en una sola frase.

—¡No te cases conmigo! Vengo a decirte que no te cases conmigo. No estoy preparada para ser la mujer que tú necesitas. Estoy llena de dudas, de inseguridad, de miedos, no podré hacerte feliz Álvaro. ¡Mírame!, ¡estoy hecha un desastre! Ni siquiera fui capaz de defender mi derecho a elegir un maldito vestido de novia. A tres meses de la boda no están listos los pendientes más importantes. ¡Soy un desorden total! No soy la mujer organizada y fuerte que tú esperas encontrar en mí.

Y así recité por varios minutos la innumerable lista de defectos que no me hacían acreedora a merecerlo como mi esposo, por la cobardía de no atreverme a enumerar los suyos y a confesar que la que no estaba segura de querer casarse era yo.

—¿Ya terminaste? —Me preguntó sonriendo con ese aire de invulnerabilidad que lo caracterizaba.

Asentí limpiándome las lágrimas y agachando el rostro, como quien espera resignada la lectura de su sentencia.

—Lo único que sucede es que estás un poco nerviosa. —Declaró, mientras cruzaba la pierna y entrelazaba las manos detrás de su nuca.

—Ya había pensado que sería una buena idea pedirle a Ruth que te ayudara con los preparativos pendientes. Sabes que es eficiente y, aunque resentiré un poco su ausencia en la oficina, tu adorable futuro esposo está dispuesto a prescindir de su asistente por unos días en lo que te auxilia con lo que te haga falta. ¡Asunto arreglado! —Concluyó minimizando mis palabras como de costumbre. Y sugiriendo que lo que yo realmente necesitaba era un buen masaje para relajar la tensión que sentía.

Para ese momento Álvaro ya estaba junto a mí, acariciándome con toda la libido de la que era capaz. Y, por supuesto, sin un rastro de ternura, ni delicadeza. Detestaba esa forma suya de tocarme. Permanecí inmóvil, mientras me brotaban un par de lágrimas más.

—Tú no entiendes... —Susurré.

—¡Claro que entiendo! Futura señora de Guillén. —Respondió desde algún punto de mi espalda, que para ese momento ya estaba semidesnuda.

—¡Mi celular está sonando! —Advertí aliviada al tener el pretexto perfecto para alejarme de sus manos, sin presentir que estaba a punto de recibir una noticia que cambiaría drásticamente el rumbo de mi vida.

—¡Es mi hermano! —Le dije sorprendida.

Gabriel y yo manteníamos contacto telefónico de vez en cuando sin que mi madre lo supiera. Él se había mudado con su familia a Guadalajara desde hacía mucho tiempo y, aunque la diferencia de edad era muy grande entre nosotros, habíamos crecido muy unidos y nos llevamos bien. Siempre fue cariñoso conmigo y en las memorias de mi niñez él fue mi héroe y mi defensor ante las rabietas de mamá.

Su voz era apenas perceptible y no precisamente por una falla de calidad en el servicio telefónico, sino por la terrible noticia que iba a anunciarme: Angélica, su esposa, acababa de morir en un accidente automovilístico.

—¡No tengo a nadie más a quien recurrir Marian!, ¡mis hijos y yo nos estamos volviendo locos! Necesito tu ayuda.

Esas fueron las únicas palabras que logré entender entre sollozos y jadeos.

—¡No sé cómo!, pero mañana mismo estoy contigo. —Alcancé a decirle antes de que la batería de mi teléfono me traicionara definitivamente.

—Tengo que irme, Gabriel me necesita.

Me acomodé la blusa y tomé mi bolsa mientras le expliqué rápidamente a Álvaro los pormenores de la llamada. Y salí de aquel departamento en trance, sin poner la más mínima atención a los comentarios de mi novio, que se quedó hablando solo a mitad del pasillo.

—¡Luego te llamo! —Le grité mientras las puertas del ascensor se cerraban.

Mi madre, que para esa hora ya estaba casi dormida, recibió la noticia con una ligereza que apenas y pude creer. Aquella mujer solidaria y bondadosa que tanto admiré, se había convertido, con el paso de los años, en un ser amargado y resentido, sin que yo pudiera entender el porqué.

—¡Lo siento mucho! Siempre es triste la muerte de una persona joven. —Dijo apenas, sin que su voz reflejara un atisbo de aflicción.

—¡Sobre todo si se trata de la esposa de tu hijo, la madre de tus cuatro nietos! —Repliqué agitada, intentando provocar otra reacción en mamá, que parecía estar escuchando el deceso de la mujer de un desconocido, pero su orgullo era más fuerte.

Profundamente desconcertada por su actitud, me limité a avisarle que al día siguiente partiría a Guadalajara para acompañar y ayudar a Gabriel y a mis sobrinos en lo que pudiera. Pensé en invitarla a participar en la misión, pero asumí que no se mostraría interesada en lo absoluto.

—¿Cuándo piensas regresar? —Preguntó intrigada.

—No lo sé. —Respondí con la mirada clavada en la fotografía de mi padre que, de seguir vivo, estaría tanto o más triste que yo por la situación de mi hermano y la dureza de mi madre.

Llegué a Guadalajara una tarde de septiembre. Jamás imaginé que la distancia entre el último abrazo que le di a mi hermano cinco años atrás, volvería a darse en las mismas condiciones de pérdida y dolor por la muerte de un ser querido. Tomé un taxi que me llevó directamente a la funeraria.

Al entrar, comencé a sentir que las piernas se me doblaban. ¿Cómo consolaría a mi hermano? ¿Qué palabras se les puede decir a cuatro niños que acaban de quedar huérfanos?

—¡Tía Marian! —Gritó de pronto una niña de grandes ojos cafés y cabello castaño, envuelto en un enorme moño blanco que robó mi corazón desde el primer momento en que la vi.

Corrió a mi encuentro y estalló en llanto abrazada a mi cintura, detonando en mí la más profunda compasión.

Era la pequeña Nicole, la última vez que la tuve en mis brazos tenía apenas 3 añitos. La estreché tan fuerte como pude una vez que caí de rodillas para verla frente a frente y no desde la altura imponente con que los adultos solemos mirar a los niños.

—¡Pero cómo has crecido muñeca!, ¡eres tan hermosa!

—¡Tú estás más bonita que en la foto! —Respondió Nicole limpiando sus lágrimas con la manga de su abrigo azul marino.

—Mi papá está junto a mi mami, ¡ven! —Me ordenó amablemente, tomando mis manos para ayudarme a ponerme en pie y dirigirme hasta mi hermano, quien se encontraba desplomado en un sillón junto al féretro de su esposa.

—¡Papi! —Exclamó Nicole, señalándome con su dedito y una débil sonrisa.

Gabriel, al mirarme, se reincorporó con las pocas fuerzas que le quedaban y se aproximó a mí. Lucía muy avejentado y muy acabado. Era verdad que me llevaba muchos años, pero aquella imagen no correspondía a la de un hombre de 40 años.

Permanecimos abrazados durante varios minutos. Las palabras sobraban, dejamos que las lágrimas y el silencio lo dijeran todo.

No era un reencuentro feliz, ni un momento de fiesta. El terrible sopor en que mi hermano se encontraba, lo desplomó de nuevo en aquel sillón, sin emitir ni una sola palabra, excepto...

—¡Gracias!, sabía que podía contar contigo.

Y después de acariciar su cabello y besar su frente, me dispuse a buscar entre la gente a mis otros tres sobrinos.

Cinco años se dicen fácil, pero a la edad en la que dejé de verlos el tiempo produce grandes cambios.

En el otro extremo de la sala vi a un grupo de adolescentes reunidas. Al acercarme, fue fácil reconocer a mi sobrina Valeria, no sólo por la carita enrojecida, sino por el inconfundible color esmeralda de sus ojos.

—¡Val! —Pronuncié extendiendo mis brazos hacia ella.

—¿Tía Marian? —Preguntó algo confundida.

—¡Sí mi reina!, ¡ven acá!

—¡Gracias por venir!, mi papá va a necesitarte mucho.

—Lo sé Val, por eso estoy aquí. —Platicamos en medio de un fuerte abrazo.

A mi otra sobrina Bianca la encontré en un rincón de la terraza, con las piernas encogidas y la cabeza hundida entre las rodillas. Su cabellera lacia y rubia era inolvidable. Permanecí sentada junto a ella un largo tiempo, acariciando su hermosa melena y secando de vez en cuando las inevitables lágrimas que corrían por su pálido rostro.

A Adrián lo reconocí envuelto en humo de tabaco, custodiado por dos jovencitos de cabello largo y *piercings* por todos lados.

—¡Hola! —Dije en voz baja—. Soy tu tía Marian.

A lo que contestó, simbolizando amor y paz con una mano y ofreciéndome un cigarro con la otra. Lo tomé y me abalancé contra él en un sentido abrazo, que no respondió pero tampoco rechazó.

Uno de sus acompañantes se apresuró a encender mi cigarrillo que, por cierto, me supo a gloria. Había dejado de fumar hacía más de un año, impulsada por las críticas de Álvaro más que por propia convicción, pero en ese momento ni mi salud ni mi novio me importaron.

Así pasó de largo la impresión de ver a mi sobrino convertido en un hombrecito con cigarro en mano y arete en la oreja izquierda. El último recuerdo que tenía de él fue cuando rompió, de un balonazo, la maceta favorita de mi mamá que estaba en el patio trasero de la casa cuando tenía aproximadamente 11 años. Había corrido desencajado buscando mi ayuda para que su abuela no se diera cuenta del estropicio, estaba tan angustiado que no tuve más remedio que echarme la culpa cuando mi mamá se dio cuenta y comenzó a dar de gritos. Sin embargo, mi sobrino se sintió tan culpable que, al día siguiente, le insistió a sus padres que lo llevaran a hablar con su abuela y, sin titubeos, confesó su pecado. Le entregó a mi madre, en una bolsita de plástico, un montón de monedas que había ahorrado durante meses con la intención de comprar una grabadora, pero que, cabalmente, destinaría para pagarle a su abuela la maceta rota.

Adrián y sus amigos me contaron lo sucedido: el accidente había ocurrido cuando mi cuñada se trasladaba a su trabajo el día anterior. Un trailer que conducía a exceso de velocidad coleteó contra su auto, y la sacó de su carril, lo que propició que se impactara contra otro vehículo que venía a su derecha. El carro de Angélica dio algunas volteretas hasta detenerse contra un muro de contención. Ese último impacto fue del lado del conductor.

Angélica aún alcanzó a llegar con pulso al hospital, pero totalmente inconsciente. Los médicos hicieron todo lo posible para mantenerla con vida. Sin embargo, los derrames internos que se produjeron en su cuerpo eran demasiado severos. Mi cuñada murió esa misma tarde sin que nadie pudiera convencer al destino de reconsiderar su curso. Su cadáver fue cremado un par de horas después de mi llegada.

La historia de Angélica fue trágica desde su nacimiento: Su madre murió durante el proceso de parto y nunca conoció a su padre. Su abuela Fanny fue la única familia con la que contó y, por su avanzada edad y estado de salud, no pudo asistir al sepelio de su nieta. Así que la gente reunida en aquel funeral, además de nosotros, eran sólo los amigos y compañeros de trabajo y escuela de Gabriel y de sus hijos.

Las cenizas fueron depositadas junto a las de su madre, en una iglesia cercana al centro de la ciudad. El sermón del sacerdote conmovió aún más los corazones de todos los presentes. "Estar ausente del cuerpo no es más que estar en la presencia de Dios", proclamó con tal seguridad aquel hombre de rostro amable y voz serena.

Yo anhelaba tanto sentir la presencia de Dios. Era católica de cuna, mi mamá siempre había sido una mujer muy religiosa, así que crecí entre curas y monjas, pero mi fe se basaba más en doctrinas impuestas y un tanto incongruentes las cuales nunca me atreví a cuestionar como muchas otras cosas en mi vida por miedo a la reacción de los demás, específicamente de mi madre.

Pero mi espíritu estaba hambriento de un maná que no saciaba la Iglesia, ni las creencias con las que crecí. Sabía, muy dentro de mí, que Dios traspasaba, por mucho, los conceptos en que me lo habían presentado. Y no estaba equivocada, mi camino hacia la espiritualidad estaba por comenzar sin que lo sospechara.

Una vez que terminó la misa nos dirigimos a casa de Gabriel, nadie pronunció palabra, salvo Nicole que, dentro de su tristeza, hizo un espacio para invitarme a dormir en su cama y advertirme que Chepe, su perrito, ladraría un poco al verme en su casa, pero que no me mordería bajo ninguna circunstancia.

Y así fue, Chepe se alborotó por completo en cuanto me percibió dentro de su territorio. Nicole lo tomó en brazos para tranquilizarlo y, de inmediato, le explicó que yo sería su tía Marian de ahora en adelante.

—¡Voy a preparar algo de cenar! —Anuncié señalando la ruta que supuse sería la cocina.

No era momento para protocolos, ni para pretender ser tratada como visita. Así que, de inmediato, me tomé la libertad de investigar los vericuetos de aquella casa.

Valeria se alistó junto conmigo en la preparación de los alimentos sin que yo se lo pidiera, pero las lágrimas apenas le daban tregua...

—¡Yo me encargo Val! —Le dije, frotándole la espalda.

Pero siguió adelante untando la mostaza en las rebanadas del pan.

Más tarde, reunida toda la familia en el comedor, Valeria interrumpió el silencio preguntando:

—¿Cómo está la abuela Martha?

—¿Todavía nos odia? —Agregó sarcásticamente Adrián, antes de dar un sorbo a la taza de café.

—¡Adrián! —Replicó molesto Gabriel.

—La abuela está bien, les manda sus condolencias. Le hubiera gustado mucho venir conmigo, pero últimamente ha estado un poco enferma y...

—¡No hace falta que te esfuerces en mentir Marian! —Me interrumpió Gabriel—. Todo lo que tenga que ver conmigo y con mi familia a ella le importa un carajo.

—¡A eso me refería papá!, pero por lo visto aquí el único con derecho a expresarse eres tú, como siempre. —Reclamó Adrián desafiante, levantándose de la mesa y arrojando bruscamente la servilleta sobre su plato, antes de pronunciar despectivamente las buenas noches.

—Bianca, ¡no has comido nada! —Señalé preocupada.

—¡No tengo hambre!, yo también me voy a dormir, buenas noches.

—Le pedí a mi tía Marian que durmiera conmigo, pero tal vez quieras que te acompañe esta noche para que no te sientas tan solito papi. —Sugirió la enternecedora Nicole.

—No te preocupes princesita, estaré bien. Prefiero que acompañes a tu tía Marian. —Le contestó Gabriel con los ojos anegados en lágrimas.

—Anda, ve a lavarte los dientes y acuéstate ya. ¡Enseguida te alcanzo Nicole! —Agregué.

Valeria abandonó la mesa un poco más tarde, no sin antes levantar todos los platos, y darnos el beso de las buenas noches a su papá y a mí.

—¡No sé qué voy a hacer sin ella, Marian! —Dijo Gabriel antes de llevarse las manos a la cara y estallar en llanto—. ¿Por qué? ¿Por qué? ¿Por qué?, no es justo. ¡Yo no soy capaz de sacar adelante a mis hijos solo! ¡Soy un desastre!, debí morir yo no ella ¿entiendes?

—¡No digas eso por favor! Claro que vas a ser capaz de salir adelante. Tus hijos te necesitan ahora más que nunca y...

—¡Tú no entiendes hermana! —Me interrumpió, mientras caminaba de ida y vuelta a la cocina con botella de tequila en mano—. ¡Yo no sirvo para nada!, no he sabido ser un buen hijo, ni un buen esposo, ni un buen padre, ¡vaya!, ni siquiera un buen hermano. ¡Mírate!, en cuanto te llamé viniste a apoyarme y yo no me he preocupado por ti, no sé nada de tu vida, si me has necesitado, si te he hecho falta. ¡Soy una basura! —Concluyó mientras llenaba la mitad del vaso con aquel líquido amarillento.

—¡Estás destrozado hermano!, por eso hablas así, pero en algo tienes razón. Yo te necesito y mucho, al igual que tus hijos, tienes que sacar las fuerzas para continuar. Voy a ayudarte en lo que pueda, no estás solo ¿entiendes? Vamos a dormir. —Indiqué—. Tienes que tratar de descansar.

—Ve tú, quiero estar solo un momento, por favor.

A la mañana siguiente me percaté de que no había revisado mi teléfono para nada. Tenía más de veinte llamadas perdidas de Álvaro y un par de mi mamá.

Arropé un poco más a la pequeña Nicole, que aún estaba dormida, y me dirigí a la cocina para preparar el desayuno, pero Valeria se me había adelantado.

Después de darnos el beso de los buenos días, me ofrecí a ayudar con la preparación del jugo de naranja mientras ella terminaba de freír algunos trozos más de tocino.

Intenté recordar cómo me sentí la primera vez que abrí mis ojos a un nuevo día después del funeral en que despedí a mi padre de este mundo. Pensaba en qué palabras me hubiera gustado escuchar, pero no encontré ninguna. Así que renuncié a la absurda idea de tratar de aminorar el sentimiento de dolor que debía estar enfrentando Val, al igual que todos los integrantes de esa familia.

No había palabras, no había medicamento, no había nada que aliviara aquella terrible pérdida. Lo sabía por experiencia propia, así que me limité a hablar acerca de lo dulces que lucían las naranjas y lo mucho que había disfrutado dormir estrechada al cuerpecito cálido de Nicole.

—¡Está vibrando algo! —Avisó Valeria volteando a ver la danza de mi celular sobre la mesa de la cocina.

—¡Es el mío! —Dije limpiándome las manos con el primer secador que encontré a mi paso.

—¿Bueno?... Cariño ¿cómo estás?

Es todo lo que alcancé a decir antes de que Álvaro me interrumpiera prácticamente a gritos.

Salí de la cocina avergonzada, como si mi sobrina pudiera escuchar la forma tan educada en que mi novio me estaba saludando. Abrí la puerta de la casa sin reparar en mis pies descalzos, ni en que aún traía la pijama puesta y caminé sobre la acera de la calle recorriendo no sé cuántas veces la longitud de la casa de mi hermano, mientras escuchaba los regaños de Álvaro, como si él fuera mi papá y yo una niña de 5 años.

Estaba fuera de sí por el sinnúmero de llamadas que no le había contestado el día anterior. Me llamó desconsiderada, inconsciente, irresponsable y muchos otros adjetivos más con los que usualmente me calificaba, supuestamente, por el inmenso amor y preocupación que sentía por mí.

Estaba tan acalorado que no me dejaba hablar, así que no tuve más remedio que levantar la voz para ser escuchada de alguna forma, pero de nada me sirvió explicarle mis motivos. Intenté decirle lo difícil de la situación, y lo impotente que me sentía al no saber cómo podía ayudarlos.

—¡Mi amor, entiéndeme!, no tenía cabeza para pensar en nada más. Gabriel está destrozado...

Sin embargo, ninguna razón le bastaba.

No sé cuánto duró aquella llamada, ni cuántos intentos hice por aminorar su enojo, hasta que, definitivamente, me dejó hablando sola.

—Álvaro, mi amor, ¿bueno?, ¿bueno?

Frustrada y desencajada, me senté a llorar sobre el borde de la banqueta. No podía creer que aquel hombre tan egoísta y posesivo fuera a ser mi futuro esposo. Si él supiera cómo me sentía y lo mucho que necesitaba su apoyo para tener la fortaleza y el tino para poder ayudar a mi hermano y a esos cuatro chicos que acababan de quedarse sin su madre... eso pensaba mientras intentaba controlarme para volver al interior de la casa con mi mejor cara.

—No hay peor sordo que el que no quiere oír. Mientras tus razones sean válidas para ti misma, no tienes por qué desgastarte en convencer a nadie. Fue lo que me enseñó algún día un loco pero sabio amigo mío. —Dijo de pronto un tipo, que no supe de donde salió, pero que estaba parado justo frente a mí, ofreciéndome un gajo de mandarina que llevaba en la mano.

—¿Perdón? —Pregunté desconcertada y molesta ante el comentario impertinente de aquel desconocido, mientras me ponía de pie.

—¡Soy el nuevo vecino! —Dijo señalando la casa contigua—. Estaba usted hablando tan fuerte mientras yo regaba mi jardinera, que no pude evitar escucharla. Julio Allende, para servirle vecina. —Dijo, mientras hacia una ridícula reverencia—. ¿Porque supongo que usted vive aquí? —Preguntó sarcástico mirándome de arriba abajo.

Hasta ese momento me percaté de mis fachas y, tras un ¡buenos días!, tajante entré apresurada a la casa.

—¡Que tipo más idiota! —Masculté entre dientes.

—¿Quién? —Preguntó con los ojos admirados Bianca, que venía bajando las escaleras.

Era una buena pregunta, no sabía quién me había parecido más idiota, si mi novio o el igualado del vecino.

—¡Nadie nena! —Contesté abrazando a mi sobrina.

—¿Cómo amaneciste? ¿Cómo te sientes? —Le pregunté.

Qué preguntas más tontas pensé, pero ya las había hecho.

—No sé tía, supongo que no muy bien.

Los primeros días tras la muerte de Angélica fueron terriblemente difíciles, el silencio de todos los miembros de la familia era interrumpido sólo por los gemidos y los sollozos desgarradores de alguno de ellos, pero casi nadie hablaba con nadie. Excepto Valeria, para dar indicaciones a sus hermanos.

Era impactante ver a aquella jovencita de 18 años con tal sentido de responsabilidad, tanto o mucho más agudo que el de un adulto. Llevaba las riendas de aquella casa y de sus hermanos casi por completo.

Bianca, en cambio, era la niña obediente que ejecutaba las órdenes sin chistar y sólo hablaba para avisar cuando había terminado sus cometidos.

Adrián, a ese sí había que temerle. Cuando abría la boca, lo hacía sólo para agredir a sus hermanas y para rebelarse contra la actitud autoritaria de Valeria.

—¡Tú no eres mi mamá! ¡Métetelo en la cabeza! ¡Si no te aguantaba antes, ahora menos! —Le gritaba encolerizado muchas frases como esas varias veces al día.

Nicole refunfuñaba un poco, pero con tal de que su hermana mayor no se enojara o se pusiera triste, hacía su parte en las labores domésticas.

Aquel escenario me tenía perpleja. Por una parte, no me sentía con derecho a intervenir en las disputas de los chicos y su forma de vida pero, por la otra, era la única adulta de la casa, ya que Gabriel estaba fuera la mayor parte del día.

Mi presencia en esa casa, a fin de cuentas, sería temporal, pensé. Así que preferí llevar la fiesta en paz y no convertirme en la tía odiosa que apareció de la noche a la mañana en sus vidas.

Por lo tanto, decidí limitarme a cocinar cuando Valeria se descuidaba y a acompañarlos discretamente para que no se sintieran invadidos por mi presencia.

Entendí que esa era la forma más prudente de apoyar a mis queridos y extraños sobrinos. Y digo extraños, porque no me parecía normal el comportamiento que observaba en cada uno de ellos.

La tristeza y el desconcierto por la muerte de su madre eran comprensibles, pero su forma de relacionarse entre ellos y sus tan distintos roles dentro de aquel hogar parecían establecidos desde hacía mucho tiempo.

Habían pasado ya dos semanas desde el deceso de mi cuñada y, la insistencia de mi madre y de Álvaro por mi regreso me hizo caer en cuenta de que ya era hora de volver a mi realidad.

Mi boda estaba encima y mi trabajo en la editorial, donde desde hacía más de dos años traducía libros de distintos idiomas al español, no podía esperar más.

Así que tomé el teléfono para reservar mi boleto y regresar a la ciudad de México al día siguiente, sin imaginar que en las próximas horas dos eventos cambiarían definitivamente la fecha de mi retorno a la que hasta ese momento era mi vida.

Capítulo II

Confesiones oportunas

A la hora de la comida llegaron uno a uno los Toledo Rendón, que para ese momento ya se habían reincorporado a sus actividades normales.

Mi hermano, casualmente, llegó un poco más temprano de lo normal, así que una vez que terminamos de comer les anuncié mi partida.

Todos se miraron en silencio y Nicole comenzó a sollozar.

—¡Te extrañaré mucho tía!

—¡Yo también mi princesita!, pero regresaré tan pronto como pueda a visitarlos. Además, quiero decirte que tú serás el paje que levante la cola de mi vestido de novia. ¿Porque estarán conmigo ese día, verdad? —Lancé a todos los presentes la pregunta mirando fijamente a Gabriel.

—¡Haremos lo posible! —Contestó mi hermano evadiendo mi mirada.

—¡Yo extrañaré tu comida! —Dijo Adrián—. Es mucho mejor que la de Valeria.

Por primera vez durante esos quince días se escucharon risas en esa casa, tras el comentario burlón de mi impertinente sobrino.

—¡Gracias por todo! —Dijo Valeria—, me encantó volver a verte a pesar de las circunstancias.

Bianca se limitó a mirarme, pero su sonrisa y sus ojitos húmedos me lo dijeron todo.

Gabriel, que nunca había sido muy expresivo, se levantó de la mesa y me besó la cabeza. —¡Sé que no tengo derecho a pedirte que te quedes! ¡Te deseo mucha suerte! —Dijo con la voz entrecortada, antes de salir de la casa.

—¡Seguro beberá mucho esta noche! —Dijo angustiada Nicole.

—¿Por qué dices eso? —Pregunté asombrada por el comentario.

—Tenemos que decirle, tal vez ella pueda ayudarnos —Les dijo a sus hermanos casi llorando.

—¡Basta Nicole! —Le ordenó Valeria enérgicamente.

—¿Qué pasa aquí? ¿De qué está hablando Nicole?

—Mi papá también se va a morir si tú te vas. —Continuó la pequeña pese a la reacción de su hermana mayor, mientras yo cuestionaba a los demás.

Nicole se salió por la puerta de la cocina. Cuando regresó traía una bolsa negra que arrojó bruscamente delante de mí.

—¡Sólo ha bebido tres botellas desde que tú estás aquí! —Dijo Nicole—, seguramente lo ha hecho mientras todos dormíamos, pero cuando te vayas beberá de nuevo como antes.

Escuchaba boquiabierta a aquella pequeñita de ocho años, mientras sacaba temblorosa una a una las botellas de tequila que estaban cuidadosamente envueltas en papel periódico.

—¿De dónde sacaste tanta botella? —Le pregunté a la pequeña, a la vez que sentía como se erizaba toda mi piel.

—Del rincón de la alacena, detrás del costal de la comida de Chepe. Otra vez se le olvidó a papá subirlas a la cajuela de su auto. ¡Seguro para tirarlas por el camino!

—¡Yo me voy!, —exclamó Adrián—, ¡qué flojera me da esta plática!

—¡Yo también me tengo que ir, tengo mucha tarea! — Dijo Bianca.

Quise detenerlos, pero las palabras se me esfumaron de la razón, ante las lágrimas de Nicole y las botellas vacías que tenía delante de mí.

Me estaba enterando que tenía un hermano alcohólico y al parecer a un nivel muy serio.

—¡No te vayas tía!, —suplicó mi sobrina una vez más—, piensa que si tú te quedas beberá menos que antes para que no te enteres.

—¡Vete a hacer la tarea Nicole! Yo hablaré con tía Marian. —Le indicó Valeria con voz dulce pero firme a la vez.

—¡Te escucho Val! —Asumí presintiendo el enorme dolor que me causaría oír lo que mi sobrina estaba por decirme.

—Mi papá bebe mucho y desde hace mucho tiempo. Cuando vivíamos en México, bebía sólo los fines de semana o cuando había fiestas o reuniones en la casa.

Eso era verdad, había borrado de mi mente aquellas reuniones familiares en las que mi padre y mis tíos se emborrachaban hasta no poder más. Gabriel, convivía con ellos como un adulto más, pero no recuerdo haberlo visto nunca perder el conocimiento o hacer escándalos, salvo la noche en que mi papá sufrió el infarto, casualmente el día de su cumpleaños. Esa noche lo vi beber en exceso, pero nunca imaginé que se tratara de un problema tan grave.

—Desde que llegamos a Guadalajara —prosiguió Valeria—, mi papá comenzó a beber aún más. Ya no sólo los fines de semana. Las peleas entre mis padres se convirtieron en el pan nuestro de cada día. Empezó a tener problemas en sus trabajos y si no hubiera sido por mi mamá, nos hubiéramos quedado sin comer los lapsos en los que duraba desempleado.

—En ocasiones llega a casa tan borracho que ya no puede más que caer dormido en cualquier sillón. Se ponía muy agresivo si mamá le reclamaba. En fin, nunca se sabe cómo llegará. Cuando está sobrio la pasamos bien, pero ahora que mamá murió, tenemos mucho miedo, no sabemos cómo reaccionará cuando tú te vayas. —Concluyó Valeria, haciendo un esfuerzo inmenso por mantenerse con esa apariencia fuerte y madura tan poco habitual en una jovencita de su edad.

—¡Dios mío! ¿Por qué no me habían dicho nada?

—Pensamos que te darías cuenta. Además, mamá siempre nos dijo que ese era un secreto de familia y nos daba vergüenza contarte.

No sé ni qué le dije a mi sobrina, pero charlamos durante varias horas. Lo único que recuerdo haber dicho con firmeza fue que, a como diera lugar, sacaríamos a mi hermano de ese vicio, costara lo que costara.

No tenía idea de cómo iba a cumplir mi promesa. La distancia entre una ciudad y otra era muy grande, pero no podía dejar a esos niños a la deriva.

—¡Necesito aire fresco Val!

Apreté su mano antes de ponerme mi chaqueta y salir a caminar en medio de la despedida del atardecer. Atravesé cuadras y cuadras hasta llegar a un parque semi iluminado por los faroles recién encendidos, en espera de la oscuridad de la noche.

No podía sacar de mi mente la carita angustiada de Nicole, ni las palabras reveladoras y cargadas de pesar que externó Valeria.

No sabía qué hacer. Necesitaba hablar con alguien, pero ¿con quién? Mi mamá aprovecharía esta información para condenar con mucha mayor dureza a Gabriel y sólo empeoraría la relación entre ellos.

—¿Lucía?

Pensé en mi fiel amiga. Saqué el celular del bolsillo de mi chaqueta y le marqué desesperada. Le conté lo sucedido con la vertiginosidad de quien se encuentra en un laberinto sin salida, a sabiendas de que se avecinaba una enorme tormenta.

Me escuchó paciente, mientras tomaba suficiente valor para decirme sin rodeos:

—Si tu decisión de regresar a México depende de tu boda, entonces mejor no regreses. ¡Álvaro es una basura Marian!, pensaba esperar a tenerte en frente para decírtelo, pero dadas las circunstancias no hay por qué esperar.

—No entiendo. —Dije con la voz tan palidecida como seguramente tenía también mi rostro.

—¡Ese infeliz te está viendo la cara!, mientras tú estás pasando por un momento tan difícil, él te pone los cuernos con otra mujer sin ningún pudor. Hace un par de días lo vi salir de un restaurante muy acaramelado con ella y lo seguí. Me duele en el alma decirte esto amiga, pero ¿sabes a dónde la llevó? A la casa que supuestamente compró para ti, la que tú elegiste, la que llevas meses decorando. Por eso te digo que es una basura. De no ser porque Gustavo me detuvo, le hubiera ensartado un par de bofetadas cuando me abrió la puerta. El muy desgraciado estaba con la camisa abierta y todo manchado de lápiz labial. Tenía que decírtelo Marian, perdóname por favor.

Colgué el teléfono sin decir una sola palabra. Sabía que Álvaro nunca había sido santo de la devoción de Lucía, pero también sabía que mi amiga sería incapaz de mentirme en algo así.

Era verdad que tenía un sinnúmero de dudas acerca de ese matrimonio en puerta y de mis sentimientos por él, pero ese hombre, para bien o para mal, era lo único que creía estable y fiel en mi vida. Me dolía el engaño, la burla, mi amor propio profundamente herido... la soledad.

Me dolían tantas cosas, que me perdí en un ataque de llanto durante largo tiempo. Hasta que el ladrido de un enorme perro San Bernardo me devolvió al tiempo y al espacio. Me sorprendí de pronto al ver junto a mí a aquel animalazo sujetado con correa por las manos del mismo hombre que días antes me ofrecía un gajo de mandarina y un comentario fuera de lugar.

—¿Será que algún día podré encontrarla sin lágrimas en los ojos vecina?, ¿puedo ayudarla en algo? —Preguntó con el mismo tono "sabelotodo" que usó la vez anterior.

Estaba aniquilada, era como si esa tarde me hubiera golpeado un enorme tornado y no tenía idea de por dónde comenzar a recoger los pedazos en que me había fragmentado.

Así que los buenos modales y la cortesía estaban totalmente lejos de mi alcance en ese momento.

—¿Será que algún día aprenderá a no meterse donde no lo llaman? Me sería de inmensa ayuda si me dejara llorar en paz y dejara de actuar como si lo supiera todo. Usted no sabe nada de mí ¿le queda claro? —Le respondí furiosa alejándome del lugar.

Caminé de regreso a casa desecha. El celular comenzó a timbrar desaforadamente una y otra vez, hasta que lo arrojé en el primer basurero que encontré. Lo último que necesitaba era escuchar más mentiras de ese hombre que estuvo a punto de ser mi esposo. Me sentía devastada y sin fuerzas para gritarle lo que se merecía. Lo único que tenía claro es que no quería volver a verlo nunca más.

Una cuadra antes de llegar a la casa de Gabriel, me limpié las lágrimas y respiré lo más profundamente que pude. Había tomado una decisión y no podía anunciarla con el ánimo por los suelos.

Rogué a Dios que me diera fuerza y, minutos después, ya más tranquila, entré para anunciarles a los muchachos y a Gabriel que ya estaban reunidos en la mesa del comedor, que me quedaría con ellos por tiempo indefinido.

Nicole saltó encima de mí con un enorme abrazo y los muchachos sonrieron gustosos por la noticia, al igual que Gabriel. A quien de inmediato advertí:

—Tú y yo tenemos que hablar.

—¿Y tu boda? —Preguntó Bianca confundida.

—No habrá boda y de verdad es un tema del que prefiero no hablar. —Advertí tajante, porque no encontré otra forma de evadir explicaciones. Lo último que esa familia necesitaba en ese momento era una tía lloriqueando por sus desengaños amorosos.

—¡Estoy muy cansada y no tengo hambre!, buenas noches a todos. —Anuncié, retirándome al cuarto de visitas que finalmente me habían acondicionado y que sería mi refugio esa noche como muchas otras durante mi larga estancia en Guadalajara.

Esa fue la primera y la última noche que lloré desconsolada por la traición de Álvaro. Había mucho trabajo que hacer con mi hermano y sus hijos y no estaba dispuesta a perder el tiempo deprimiéndome por un hombre que no había demostrado ser algo más que lo que bien definió Lucía ¡una basura!

Los días siguieron transcurriendo sin que nadie se atreviera a cuestionarme de nuevo por el asunto del novio y de la boda. En el fondo, todos se sentían aliviados por tenerme cerca y prefirieron no investigar más.

Los muchachos continuaban sus actividades normales y el proceso de adaptación nos fue mucho más sencillo de lo que me temía. Me refiero a mi presencia en sus vidas, no así al duelo por la pérdida de su madre, ese fue un largo camino que nadie podía evitar que transitaran.

Gabriel continuaba con sus labores en la fábrica donde trabajaba como ingeniero industrial y con su discreta ingesta de alcohol por las noches, también.

Yo no había encontrado el momento propicio para confrontarlo y temía mucho desencadenar una disputa entre él y los muchachos por haber ventilado su compulsión por la bebida conmigo. Así que tenía que esperar la ocasión de aparentar que lo había descubierto por mí misma.

Acordé con el director de la editorial seguir colaborando con mis traducciones vía electrónica. A final de cuentas, lo único que cambiaría, sería el espacio físico en que mi computadora y yo seguiríamos invirtiendo letras.

—Estoy aburrida. —Confesó Nicole, cerrando sus libretas una vez que terminó con su tarea.

—¿Por qué no vamos al cine tía Marian? —Sugirió entusiasta.

—¡No es mala idea!, tomaremos un taxi!— Anuncié decidida.

—¿Por qué no utilizas el bocho? Está viejito pero funciona y no creo que mi papá se enoje porque lo utilices. —Dijo Valeria.

—Suena bien, pero más vale asegurarse. Así que llamaré a tu papá.

Gabriel me indicó el lugar en donde escondía las llaves del flamante bocho color verde mayate modelo 88. Así me dispuse a emprender la aventura de comenzar a familiarizarme con las calles de una nueva ciudad.

Nicole me estaba esperando afuera de la casa con chamarra y bolsa en mano. Esa sobrina mía era toda una damita coqueta y vanidosa, tenía una gran colección de bolsas de todos los colores y siempre salía a la calle perfectamente combinada.

Para mi sorpresa, la encontré en franca plática con nuestro vecino acerca de los cuidados especiales que requería su enorme perro, al que ese día Nicole me presentó bajo el nombre de Ringo.

—¡Buenas tardes! —Dijo apenas el vecino que ya me había dicho su nombre, pero que francamente no recordaba.

—¡Buenas tardes! —Contesté en tono serio, pero por primera vez cordial—, aprovecho para ofrecerle una disculpa por mi actitud de la otra tarde. ¡No estaba pasando por un buen momento! —Agregué, fingiendo algo de congoja.

Finalmente ese hombre había dejado de ser sólo el vecino de Gabriel. Ahora también era el mío.

—¡No se preocupe Marian!, yo sé mucho de esos momentos no tan buenos en la vida… créame.

¿Marian? Yo nunca le había dicho mi nombre, pensé para mis adentros.

—Que disfruten mucho la película y cuando quieras puedes venir a saludar a Ringo. —Le ofreció el vecino a Nicole amablemente antes de entrar a su casa.

Durante el camino cuestioné sutilmente a Nicole sobre la conversación que había sostenido con el vecino mientras me esperaba.

—Julio es buena onda, pensó que tú eras mi mamá, pero

ya le conté que ella está en el cielo y dice que la suya también. Me contó que cuando la extraña, sólo cierra sus ojos y se asoma a su corazón y que ahí puede verla, abrazarla y platicar con ella. ¿Tú crees que yo pueda hacer lo mismo? —Me cuestionó con la carita entristecida.

—¡Claro que sí Nicole! ¡No tengo la menor duda!

Ambas pasamos la mejor tarde en mucho tiempo. La película nos hizo reír a carcajadas, y culminamos la tarde con dos deliciosos helados. Por unas horas pudimos olvidarnos de todos los problemas, pero fue sólo un respiro antes de volver a sumergirnos en otra escena desafortunada.

Cuando llegué a la casa, casi perdí el equilibrio cuando vi a Álvaro y a mi madre sentados en la sala junto a Gabriel y Bianca tomando una taza de café.

—¡Mi amor! —Exclamó Álvaro, levantándose del sillón apresuradamente para besarme en la mejilla, una vez que mis labios se le escaparon.

—¿Cómo estás mamá? —Pregunté desviándome del lado de Álvaro para saludar a mi madre.

—Hemos venido por ti, muchachita caprichosa. Una boda te está esperando en México por si no lo recuerdas. —Esa fue la cariñosa respuesta a mi saludo.

—Es que no habrá ninguna boda mamá. —Respondí con firmeza.

—¿De qué estás hablando?

—¡Marian, tenemos que hablar! —Interrumpió Álvaro.

—¡Te escuchamos! —Lo desafié, incorporándome en la que para ese momento no era más que una de las butacas de un teatro, donde estaba por presentarse un patético espectáculo.

—¡Llama a Valeria y a Adrián! —Le pedí a Bianca. Ellos también querrán saber por qué se canceló mi boda.

—¡Vamos Álvaro!, ¿por qué no comienzas por darnos el nombre de tu amante? o ¿acaso nos darás el nombre de varias?

—Lucía confundió las cosas. —Se defendió Álvaro desesperado.

—¡No me digas!, aquí hay menores de edad así que no pienso perturbarlos exponiendo los detalles del vergonzoso estado en que te encontró mi amiga. —Proseguí furiosa, ante las miradas atónitas de todos los presentes.

—¡Vamos a hablar en privado Marian! ¡Esto es denigrante! —Exclamó Álvaro.

—Nadie te pidió que vinieras. Eres tú el que está propiciando este melodrama.

—¡Marian! ¡Por favor! ¡Tienes que escucharlo! —Dijo mi madre, con esa voz autoritaria y castrante que solía usar para dominarme.

Salí de la casa seguida por Álvaro, no porque me interesara escucharlo, sino por respeto a mis sobrinos, especialmente a Nicole.

Escuché las explicaciones más absurdas. Me parecía mentira que aquel maestro de la manipulación no tuviera mejores argumentos bajo la manga.

—¿Ya terminaste? —Le pregunté sarcástica.

—¡No te creo nada! ¡No me interesa creerte nada!, lo nuestro se acabó definitivamente. Regrésate por donde viniste y no me vuelvas a buscar. —Concluí determinante antes de estamparle la puerta de la casa prácticamente en la nariz.

—¡Álvaro me engañó!, se burló de mí no sé por cuánto tiempo con otra u otras mujeres. Esa es la razón por la que no me caso. ¿Entiendes mamá? —Expliqué ante el público expectante y desconcertado que seguía instalado en medio de aquella sala—. Así que aprovecha esta visita para algo más importante que intentar convencerme de lo contrario. Gabriel y tus nietos necesitan mucho de ti.

Fue lo último que dije antes de encerrarme en mi recámara por un buen rato, hasta que los gritos entre mi hermano y mi madre subieron a un tono alarmante, seguido de un fuerte portazo.

Bajé apresurada dispuesta a intervenir entre ese par que, entre todas sus diferencias, eran igual de soberbios y necios.

—¿Qué pasa aquí? —Pregunté.

—¡Gabriel sigue siendo el mismo grosero de siempre! Acaba de dejarme literalmente con la palabra en la boca. ¡No sé a qué vine! —Vociferaba doña Martha, dando vueltas de un lado para otro—. ¡Allá tú Marian!, pero te advierto que estás cometiendo un grave error al darle tanto crédito a los cuentos de esa loca amiga tuya. ¡Estás dejando ir la oportunidad de tu vida hija!, pero ya estoy harta de ver las estupideces de mis hijos. Haz de tu vida un papalote si quieres. ¡Yo me voy de aquí!

—¡Niños! —Gritó terminando de aturdirme.

Se despidió de sus nietos con una sarta de consejos, por no decir intromisiones.

—Espero volver a verte sin ese arete de maricón en la oreja Adriancito. Y tú Bianca, deberías buscarte otro corte de pelo, ese no te va nada bien. —Por mencionar uno de sus varios comentarios de despedida.

—¿Dónde está mi papá? —Preguntó Nicole.

—¡Salió un rato chiquita!, supongo que a despejarse un poco. —Le contesté extenuada.

—¿A despejarse o a emborracharse? —Sugirió cruelmente Adrián.

Valeria y yo esperamos a Gabriel en la sala hasta altas

horas de la madrugada, acompañadas de Nicole que insistió en permanecer alerta con nosotras, hasta que el sueño la venció e instaló su cabecita sobre mis piernas.

—Siento mucho lo que pasó con tu novio tía. —Dijo Valeria con el mayor tacto que pudo.

Y sin darme cuenta, comencé a desahogarme con esa jovencita de escasos 18 años, que si no fuera porque sabía su edad, hubiera creído que era mucho mayor.

Usaba un lenguaje tan serio y racional que jamás antes había observado en otro adolescente, salvo en mí misma.

¡Me recordaba tanto a mí cuando tenía esa edad!, por eso nos fue muy fácil identificarnos y crear rápidamente un fuerte vínculo de amistad que hasta la fecha sostenemos.

Era como si al hablarle a ella me estuviera escuchando a mí. Y no fue, sino hasta ese momento, que me atreví a reconocer la enfermiza relación que teníamos Álvaro y yo.

—¡Él fue el primer hombre de mi vida! —Le confesé apenada a mi sobrina, refiriéndome al aspecto sexual.

—¡No es cierto! —Contestó sin poder disimular su desconcierto. Pero no por la pérdida de mi virginidad antes del matrimonio como yo pensaba, sino por lo tardío que le pareció mi inicio en aquella actividad.

—O sea que... ¿tuviste relaciones sexuales por primera vez a los 26? —Preguntó escandalizada mientras sacaba cuentas con los dedos de la mano.

Las dos estábamos perplejas, ella por mí, y yo por ella.

—¡Sí! —Contesté—, ¿acaso tú ya?...

—Sólo porque tú te confesaste primero te contaré, pero esto quedara entre nosotras.

—¡Ok! —Asentí luchando contra los músculos de mi mandíbula que insistían en abrirse y levanté mi mano en señal de juramento.

—¡Se llama Santiago!, fue mi maestro de literatura el semestre pasado. Me llevaba casi diez años. La verdad, ningún tonto de mi edad me inspiraba para nada más; era un hombre muy interesante y aprendí tantas cosas con él y ¡no precisamente sobre letras! —Insinuó con una sonrisa muy sugestiva.

—¿Supongo que estabas enamorada? —Pregunté esperando la única justificación que según mis conceptos de vida podían explicar lo que mi sobrina me estaba confesando con tanta naturalidad.

—¡Claro que no!, ¡esas cursilerías del amor no están hechas para mí, tía! Yo soy más práctica... El tipo me gustaba mucho y las cosas se dieron así nada más. Por eso me cuesta tanto entender que en esta época tú todavía estuvieras considerándote propiedad de alguien, sólo porque fue el primer hombre con el que tuviste relaciones sexuales. ¡Mira tía!, el sexo hoy en día para los jóvenes es algo tan natural como beberte un vaso de agua si te da sed. Claro que, en mi caso, tiene que haber condón de por medio o no accedo, pero...

—A ver Valeria, quiere decir que ¿no sólo has estado con Santiago?

—No, después de él ha habido dos hombres más. Pero, ¿por qué me miras así tía? El sexo es algo natural y además delicioso, ¿no te parece?

Estaba atónita y sin saber qué decir. Por una parte, me parecía inconcebible que una jovencita de esa edad, y que además era mi sobrina, viviera su sexualidad con tanta ligereza. Sabía que los adolescentes de esta época vivían mucho más aprisa que diez o quince años atrás, pero me resistía a aceptar que Valeria fuera uno de ellos. Y, por otra, me sentía tan ridícula al no saber qué contestar ante las preguntas tan directas de mi sobrina.

¡La verdad, es que el sexo no me parecía delicioso en absoluto! No sólo estaba llena de tabúes y de ignorancia al respecto "a mis casi 30 años", sino que nunca había disfrutado mis encuentros sexuales con Álvaro.

No tenía idea de lo que era sentir un orgasmo. Siempre terminaba llena de culpas y con un vacío enorme, accedía por la presión emocional que él ejercía sobre mí, por soledad, por necesidad de un poco de afecto... incluso por miedo a su reacción si me negaba. Por todo, menos por que realmente lo deseara. Sobre todo, después de aquel embarazo fallido dos años atrás.

Recuerdo que Álvaro se mostró feliz por la noticia, en cambio yo estaba muerta de miedo por la reacción que tendría mi madre, que siempre me educó en la creencia de que el sexo sólo era permitido en el matrimonio y con fines de reproducción.

Pero, pese a mi temor, estaba dispuesta a enfrentarme a ella y tener a mí bebé.

Era julio, y las lluvias no daban tregua. Álvaro tenía que salir del país por unos días y acordamos en darle juntos la noticia a mi madre a su retorno.

Yo estaba en shock, la idea del bebé me provocaba mucha ilusión, pero a la vez me sentía confundida y asustada. Llamé a Lucía, advirtiéndole que lo que tenía que contarle era muy importante.

Lloramos, reímos, nos abrazamos, divagamos en los posibles nombres que me gustaría ponerle a mi hijo o hija. Me sentía reconfortada, por alguna razón el apoyo sincero de mi amiga me había dado mucha más fortaleza que la aparente disposición de Álvaro. Tal vez porque, en el fondo, intuía las ansias enfermizas que mi novio tenía por encadenarme definitivamente a él y... ese embarazo era el lazo perfecto.

Lo único que recuerdo es el momento en que abrí mi sombrilla para bajar los escalones que me conducirían con el *valet parking*, después de despedirme de Lucía con un fuerte abrazo. Resbalé en el primer escalón por la humedad del piso, rodé por aquella escalera sin poder detenerme. Escuché el grito de mi amiga pronunciando mi nombre y la voz de un hombre que corrió a auxiliarme cuando me detuve al impactar mi cuerpo contra una enorme jardinera de cantera colocada al pie de la escalera.

Lucía me llevó a un servicio de Urgencias de inmediato, pero aquella caída concluyó mi embarazo. Álvaro me torturó mucho tiempo, insinuaba que yo había provocado el accidente porque no quería tener a mi bebé.

No sé qué me hizo permanecer tanto tiempo al lado de ese hombre. Su maltrato era tan fino, tan sutil, que tenía la capacidad de hacerme sentir culpable hasta de los errores que él cometía De una u otra forma, siempre lograba que yo terminara dándole la razón en todo. Era un infierno camuflageado de cielo.

—¡Ya son las tres de la mañana! —Anunció Valeria con el semblante descolorido y la voz angustiada.

—¡Ya llegó! —Aseveré tras el rechinido escandaloso de las llantas del auto que se estacionó afuera de la casa.

—¡No vayas a decirle nada tía!, sólo hay que ayudarlo a llegar a su recámara.

Al escuchar las indicaciones de Valeria una cascada de imágenes cayeron sobre mí.

De pronto, recordé las innumerables ocasiones en que Gabriel entraba en la casa sosteniendo a mi padre para que no se cayera, después de ir a recogerlo a alguna cantina.

Mi madre lo recibía furiosa. Claramente reviví aquel episodio en que lo abofeteó, hasta que yo la jalé de la bata de encaje azul cielo, con las escasas fuerzas que tenía a los 5 años.

—¡Ya no le pegues! —Le gritaba asustada.

Papá estaba hecho una piltrafa, totalmente alcoholizado. Era como un niño indefenso que yo sentía que tenía que proteger del abuso de mi mamá.

—¡Dios mío! —Exclamé con los ojos llenos de lágrimas por el dolor inmenso que me habían provocado esos recuerdos guardados bajo llave en lo más profundo de mi inconsciente. Imágenes que muchos años después volvería a presenciar, pero esta vez personificadas en mi hermano.

—Martha Jiménez —gritó Gabriel desesperado—, ¿dónde estás?

—¡Gabriel por favor!, mamá ya se fue, ¡tranquilízate!, vamos a tu cama. —Le dije lo más tranquila que pude, tratando de obedecer las instrucciones de Valeria, que había tomado a Nicole en brazos para llevarla a su cama antes de que mi hermano entrara en la casa.

—¡Tú no sabes la verdad hermanita!, ¡sólo Angélica la supo!, ¡sólo ella! —Decía llevándose las manos a la cara—. ¡Extraño a mi mujer! ¡La extraño mucho Marian! ¡Devuélvemela! —Exigía con los ojos apuntando al cielo y llorando como un niño.

Estaba fuera de control, lanzó por el aire todos los objetos que encontró a su alcance, sin que nadie pudiera detenerlo.

Adrián y Bianca despertaron del más profundo de los sueños, a la pesadilla de ser hijos de aquel alcohólico en uno de sus espectáculos más lamentables y desgarradores.

Bianca lloraba sin pronunciar una sola palabra, y Adrián desbordó toda su rabia y su hartazgo al no poder contener a Gabriel.

—¡Ya párale!, deja de lloriquear por mi mamá, ¡le jodiste la vida cuando la tenías!, de qué te sirve pedirle perdón ahorita, ¡está muerta! ¿Entiendes?, lo único que me alegra es que al menos ella ya no tiene que aguantarte. —Le gritaba Adrián con una furia gestada de mucho tiempo atrás.

—¡Cállate! —Respondió Gabriel, al mismo tiempo que le azotó la cara con una bofetada brutal, la cual Adrián estuvo a punto de devolverle pero Valeria y yo lo sujetamos con todas las fuerzas con que fuimos capaces.

La ira de mi sobrino pesaba mucho más que su espigado cuerpo de adolescente.

—¡Te odio, te odio!, ¿por qué no te moriste tú en vez de mi mamá? —Adrián continuaba gritándole.

No creo que haya otra bofetada que le hubiera podido doler más a mi hermano que aquellas palabras dichas por su propio hijo.

Adrián se nos escabulló como pudo y salió de la casa amenazando con no regresar jamás.

—¡Déjenme sólo!, ¡Váyanse! —Vociferaba Gabriel antes de desmoronarse sobre el sillón de la sala. Obedecimos sin chistar.

Entré temblorosa en la habitación de Nicole para asegurarme de que estuviera dormida, pese al escándalo. Pero mi ingenuidad se puso al descubierto.

La encontré encogida en el rincón de aquella recámara de princesa de cuento, abrazada de la fotografía de su mamá, sollozando desconsolada con los ojitos bien apretados.

—Princesita, ¿qué haces aquí? —Le pregunté a la vez que la empujaba a mi regazo, tratando de fingir una entereza que estaba muy lejos de sentir y, que acabé por perder cuando vi a esa criaturita sufrir el mismo dolor que yo sufrí cuando tenía su edad.

—¡Estoy tratando de buscar a mi mamá adentro de mi corazón! —Dijo sin abrir los ojos. Si ella está tan cerquita de Dios ahora, tiene que pedirle que mi papá ya no tome más vino.

—Así es mi niña, vamos a pedírselo nosotras también.

Aquella madrugada infernal la despedimos bajo el edredón de Cenicienta, el favorito de Nicole. Abrazaba a mi sobrina pero, en cierto modo, también estaba abrazando a la pequeña Marian, esa niña que alguna vez fui y que nadie consoló.

Capítulo III

La negación

No tengo otra palabra para definir lo que se vive dentro de un hogar alcohólico, salvo "locura". Acabábamos de pasar por el ojo del huracán y al día siguiente, todos, inexplicablemente, actuábamos como si nada hubiera sucedido.

Nadie hablaba del tema. Bianca y Nicole podaban el pasto, mientras que Valeria y yo arreglábamos los estropicios de Gabriel.

—¿Tienes idea de dónde pueda estar Adrián? —Le pregunté a Valeria, rompiendo el asfixiante silencio en que estábamos sumergidas.

—Tal vez con Beto o con otro de sus amigos.

—¿Sabes dónde viven? Tenemos que buscarlo. —Le dije angustiada.

—Bianca sabe cómo llegar a la casa de Beto, si quieres vamos cuando terminemos de limpiar este desastre... antes de que venga el siguiente. —Dijo resignada.

Gabriel había salido de la casa sin decir una palabra, pese a mis intentos por abordarlo. Nadie podía apostar a que regresaría en mejores condiciones que la madrugada anterior.

Después de la hora de comida, Bianca y yo nos aventuramos en la búsqueda de mi sobrino. Valeria y Nicole prefirieron quedarse en casa, llamando a otros amigos y compañeros de escuela que pudieran darnos alguna información.

Beto y Adrián eran amigos desde hacía un par de años. Juntos iniciaron una banda de rock alternativo que Gabriel y Angélica no aprobaban en absoluto. Decían que sólo los drogadictos y holgazanes tocaban esa clase de música, razón por la que mi sobrino ensayaba en secreto en la casa de su amigo.

—¡No te preocupes mucho tía!, si no lo encontramos aquí, lo buscaremos el próximo viernes en "La Medusa".

—¿En dónde? —Le pregunté extrañada.

—Es un antro pequeño en las afueras de la ciudad. Yo nunca he ido, pero varias de mis compañeras lo conocen. Cualquiera nos puede llevar. La banda de Adrián tiene una tocada a la que por ningún motivo dejará de ir.

El celular de Bianca timbró e inmediatamente percibí un cambio drástico en su tono de voz.

—¡Hola! —Dijo notablemente entusiasmada—. No podré acompañarte, ha habido algunos problemas en casa. —Replicó menos animosa y agachó la cabeza, llevándose las uñas de su mano izquierda a la boca—. ¡No digas eso! ¡De verdad no puedo!, perdóname ¿sí?

Concluyó aquella llamada con el rostro revestido de angustia y aflicción.

—¿Algún problema?

—¡No!, era mi novio. Habíamos quedado en salir hoy, pero creo que se enojó un poco.

—¡No sabía que tenías novio! —Le dije sorprendida pero sonriente—, no te preocupes, ya se le pasará.

—¡No lo conoces tía! Si bien me va, volverá a llamarme en una o dos semanas más. Siempre hace lo mismo cuando se enoja.

Esas palabras me hicieron recordar inevitablemente mi relación con Álvaro. Mi sobrina mostraba la misma actitud permisiva y frágil que yo tuve por años, ante el control y la manipulación que él ejercía sobre mí.

—Deja esas uñas en paz niña y levanta tu frente, ningún hombre vale que te aflijas así por él. Te lo digo yo, que permití el maltrato de un patán por tres años, para que terminara engañándome con otra.

Los ojitos de Bianca me miraron perplejos ante el tono de voz enérgico que utilicé. Entonces comprendí que no era reflejando mi propia rabia, como podía orientar a mi sobrina.

—Perdóname Bianca, es que no quiero que nadie te lastime y te robe tu libertad como me la robaron a mí. El amor puede llegar a causar dolor, pero nunca daña. Y yo no quiero que te tardes tanto como yo en comprenderlo.

Bianca sonrió forzada y encendió la radio para distraer la conversación.

—¡Dobla a la derecha y sube la ventana del coche! —Me advirtió.

Habíamos entrado en una zona muy peculiar. Avanzamos por calles tapizadas de grafiti y en cada esquina se veían reunidos chicos de distintos grupos ideológicos o tribus urbanas, como se definían entre ellos.

—Estos de negro son los darketos, aquellos los skatos y esos de allá son los emos. —Me explicó mi sobrina.

—¡Dios mío! Yo me quedé en los hippies.

Ambas reímos a carcajadas, liberando un poco la tensión que sentíamos.

Finalmente, nos estacionamos frente a una casa pequeña. Un Santa Claus enorme descansaba sobre ella. Creo que hasta ese momento me percaté que la Navidad estaba próxima.

La madre de Beto abrió la puerta y nos sonrió como si nos conociera de toda la vida.

—¡Vienen por Adrián! —Afirmó—. ¡Pasen por favor!

Nos indicó el camino hasta la cocina de su casa.

—Adrián y Beto salieron hace un rato, pero no deben tardar. —Dijo mientras nos servía una taza de chocolate recién hecho.

—¡Tú debes ser su hermana y tú la tía recién llegada! Yo soy Rita, la mamá de Beto y este el chocolate ¡más rico que jamás hayan probado! —Dijo esa mujer de aspecto humilde, pero con una bondad y una calidez que nos atrapó inmediatamente.

—Estoy muy apenada por las molestias que le debe estar causando mi sobrino. Y...

—¡A mí no me molesta! ¡Me preocupa un poco, que es distinto! — Interrumpió.

—Verás, mi hijo y él son muy buenos amigos. Adrián es un buen muchacho, sólo que muy desorientado. En esta pobre casa no encontrarás lujos ni comodidades, pero sí mucho amor. Justo lo que más necesita tu sobrino y seguro ustedes dos también.

Bianca y yo nos miramos desconcertadas ante las palabras de Rita.

—¡Mi esposo también es alcohólico! —Agregó—, sólo que, por la gracia de Dios, lleva sobrio más de cuatro años. Así que sé por lo que están pasando en su familia.

—¿Cómo consiguió que su esposo dejara de beber? —Preguntó Bianca con la carita llena de esperanza.

—El milagro sucedió cuando dejé de luchar contra su manera de embriagarse y comencé a preocuparme un poco más por mí. Dejé que mi marido tocara fondo. Y yo no moví un sólo dedo para evitarlo. Un buen día, decidí que no volvería a excusarlo en su trabajo, ni a sacarlo de ninguna cantina por más borracho que estuviera. Dejé de pagar sus deudas y, sobre todo, dejé de permitir su maltrato. La última vez que me puso una mano encima, llamé a la policía y lo encarcelaron por varias semanas. Dejé que lo perdiera casi todo. Y digo casi, porque cuando mis hijos y yo lo corrimos de la casa, fue que aceptó buscar la ayuda de Alcohólicos Anónimos[1] y de entonces para acá no ha vuelto a consumir una sola gota de alcohol.

—¡Tenemos que llevar a mi papá a ese lugar! —Replicó Bianca efusivamente.

—¡No es tan sencillo jovencita! —Prosiguió Rita.

—El verdadero cambio en nuestras vidas comenzó cuando yo acepté buscar ayuda para mí y entendí que yo no podía hacer nada para impedir que mi esposo siguiera bebiendo. Si en verdad quieren dejar de sufrir el alcoholismo en su familia, tienen que empezar por cambiar ustedes.

—¡No entiendo! —Interrumpí.

—¡Nosotros no tenemos ningún problema!, el que bebe es mi hermano, él es quien necesita cambiar.

—Lo mismo pensaba yo Marian. Y comprendo que mis palabras te parezcan un tanto absurdas. ¿Qué harán mañana?

—¡Nada especial! —Le contesté

—Las espero a las diez de la mañana en este auditorio. En este lugar encontrarán respuestas. —Dijo anotando una dirección sobre una servilleta de papel.

En ese momento nos interrumpió la llegada de Beto, que al vernos a Bianca y a mí palideció.

---

[1] Alcohólicos Anónimos es un movimiento internacional de ayuda contra el alcoholismo fundado en 1935 por William Griffith Wilson y Bob Smith en Akron, Ohio, EUA.

Con palabras atropelladas entre sí, nos explicó que Adrián y él habían discutido por diferencias en la organización de la tocada que tendrían en unos días más y mi sobrino, furioso, lo había amenazado con abandonar al grupo y aceptar la invitación de otra banda que esa misma tarde partiría hacia Tijuana.

—¡No pude detenerlo!, ¡se los juro! A esta hora ya deben estar en carretera.

Me llevé las manos a la cabeza desesperada, Adrián era un niño de 16 años. De pronto, me invadió la angustia.

—¿Con quiénes se fue? ¿Puedes darnos nombres, teléfonos, algún dato para localizarlo? —Lo cuestioné desesperada.

—¡No sé mucho! Esos batos y yo nunca nos hemos llevado bien. Siempre quise proteger a Adrián de ellos. Usted sabe, él es un niño bien y es muy ingenuo. ¡Estos hijos de... lo van a joder! No se meten más cosas a la nariz porque no pueden, pero son los principales proveedores de droga en esta cuadra. Le prometo hacer todo lo posible para comunicarme con él y yo le aviso en cuanto sepa algo.

Rita intentó tranquilizarnos pero Bianca y yo teníamos el alma en un hilo.

—¡Necesito avisarle a mi hermano lo que está pasando!, ¡Vámonos Bianca! ¡Gracias por todo! —Dije mientras me apresuraba a salir de esa casa a la que habría de volver muchas veces más. Y no precisamente para buscar a Adrián, sino a mí misma.

Gabriel llamó a algunos de sus amigos influyentes de Guadalajara para tratar de localizar a su hijo, pero nadie pudo ayudarlo.

Una culpa más a las muchas que ya le acompañaban en la vida, pero ninguna era suficiente para detener su manera de beber, sino todo lo contrario.

Esa noche no fue mejor que la anterior. Me dolía tanto mi sobrino como mi hermano. La impotencia de no saber cómo ayudarlos era agobiante. Mi trabajo estaba muy atrasado y el director de la editorial había mandado un buen número de correos para hacerme notar mi falta, pero me sentía tan cansada y tan deprimida que no sabía por dónde comenzar a retomar mi propia vida.

A la mañana siguiente abrí los ojos con la única intención de volverlos a cerrar. Nunca se sabía qué nuevas batallas habría de enfrentar en aquel hogar. La incertidumbre se había vuelto parte de mi vida.

Entonces recordé la invitación que Rita nos había hecho a Bianca y a mí: "ahí encontrarán respuestas", rondaban en mi mente esas palabras, que nunca olvidaré debido a su veracidad.

Salté de la cama dispuesta a comprobarlo. Estaba tan desesperada, que estaba decidida a todo con tal de encontrar la solución para el alcoholismo de Gabriel.

Bianca no quiso acompañarme. Así que preferí tomar un taxi, que perder toda la mañana buscando la dirección en aquella ciudad que aún no conocía bien.

No tenía ni la menor idea de a dónde iba. Me sentía extraña y nerviosa, pero aunque la conversación con Rita me había parecido un tanto absurda, la serenidad y la confianza que me transmitió me sembraron la curiosidad por conocer la fórmula que ella aplicó para cambiar su vida.

Al llegar me sorprendió la cantidad de gente que estaba reunida. Hombres y mujeres de distintas edades y clases sociales sonreían como si estuvieran de fiesta. Me sentí tan ajena a la alegría que se sentía en ese recinto, porque de lo único que yo tenía ganas era de llorar.

Me senté en el rincón más alejado que pude y, ensimismada, comencé a leer lo que estaba escrito en el gafete que me colocaron en la entrada.

"Grupos de familia Al—Anon"[2] Tema del día: "Características de los hijos adultos de alcohólicos"[3].

Jamás había escuchado el nombre de esa organización y el tema a tratar me hizo sentir muy incómoda.

¡Van a creer que yo soy hija de un alcohólico!, pensé. Y ¡claro que lo era! Si alguna duda tenía al respecto, aquella conferencia la desvaneció completamente. Pero en ese instante, sólo sentía ganas de desaparecer, el miedo absurdo de que alguien pudiera verme en ese lugar me irritaba. ¡Tranquila!, pensé, ¡aquí nadie te conoce!

—¿Vecina?

Escuché efusivamente al tiempo que alcé mi vista para encontrarme frente a frente con el dueño del San Bernardo que me despertaba todas las mañanas con sus ladridos. ¡Julio Allende, tan inoportuno como siempre!, pensé mientras sentía el estómago subir de un jalón hasta mi garganta.

—¡Hola Julio!, ¡qué chiquito es Guadalajara! —Dije nerviosa.

—¡Lo suficiente como para darme la agradable sorpresa de encontrarte aquí! —Contestó como si de verdad estuviera muy alegre de verme en aquella verbena—, ¡bienvenida!

Fue lo último que alcanzó a decir, antes de que dos señoras uniformadas se lo llevaran del brazo para dirigirlo al estrado.

Ese hombre, que tan mala impresión me había causado en algún momento y que, incluso agredí la tarde que

---

[2] Grupo Al—Anon y Alateen son organizaciones internacionales en conjunto conocidas como los Grupos Al—Anon que cuentan con más de medio millón de miembros y que provee un programa de doce pasos de recuperación para los familiares y amigos de alcohólicos.
[3] Geringer Woititz, Janet, *Adult children of alcholics,* Ed. Diana 1989, p. 163.

mi mundo se desmoronó, era el ponente de aquella conferencia que impactaría el resto de mi vida y la de muchas personas más.

Una mujer madura y de rostro afable presentó a Julio con todos los honores y el cariño de que fue capaz. Luego de leer unas palabras de bienvenida para todos los que, como yo, estábamos ahí por primera vez:

—"Si en sus vidas, la manera de beber de alguien ha sido o es un problema... Al—Anon puede ser la solución." —Dijo finalmente.

Y sí que la forma en que Gabriel bebía era un problema en la vida de muchos, entre ellas... la mía.

Pero aún así no me fue fácil relajarme y abrirme ante lo que ahí se decía. Tenía mucha más resistencia y negación de la que creía.

Julio tomó el micrófono y se presentó a sí mismo como hijo de un alcohólico, pero lo que más me sorprendió, fue la naturalidad y la ligereza con que lo hizo. Era como si se sintiera orgulloso de serlo.

¡Sí que este hombre es presumido! Pensé. ¡Hasta de algo tan penoso y desagradable es capaz de hacer alarde! ¡Qué lejos estaba de entenderlo en aquel entonces!, pero esa misma mañana hizo que me tragara mis pensamientos.

Se refirió al alcoholismo como a una enfermedad irreversible, progresiva y mortal; que aniquila por completo la salud física, emocional y espiritual de su víctima.

—¡Ahora resulta que es enfermedad!, si son una bola de viciosos irresponsables, ¿compasión? ¡Este tipo está loco! —Me dijo al oído una mujer de unos 50 años, que estaba sentada junto a mí y, al igual que yo, era la primera vez que asistía a un evento de Al—Anon.

—El alcohólico es un niño lastimado y muerto de miedo,

que nunca creció emocionalmente. —Aseveró Julio, como preámbulo a una impresionante cátedra sobre esta enfermedad y todos sus pormenores.

—Esta enfermedad se divide en cuatro etapas: La pre-alcohólica, la prodrómica, la crítica y la crónica. En la primera etapa, el alcohólico comienza a beber sólo en reuniones sociales. Ahí descubre que al contacto con el alcohol, es capaz de liberar toda la tensión y la carga emocional que ha soportado durante mucho tiempo. Por fin siente que aniquila su constante sensación de pequeñez y de culpas... ¡Claro!, mientras dura el efecto del alcohol en la sangre.

—La copa le da a ese ser lleno de complejos y miedos, un estado maravilloso de seguridad, de poder, y de triunfo. En esta etapa, nadie se atreve a asegurar que existe un problema de alcoholismo, puesto que el individuo sigue siendo una persona responsable y en apariencia normal en la vida cotidiana. Simplemente, se ha convertido en el alma de las fiestas.

—Hasta que llega al segundo nivel de la enfermedad, la etapa prodrómica, donde comienzan a aparecer signos y síntomas que ya no se pueden ignorar. El ausentismo laboral por las resacas o "crudas" es uno de ellos. Empiezan a beber solos e, incluso, a escondidas, y pretenden auto engañarse y negar que tienen un problema con mecanismos absurdos como: evitar beber antes de las doce, o compran bebidas que contengan menos grados de alcohol para no admitir que son alcohólicos ante ellos mismos y, sobre todo, ante su familia que, para este momento, se encuentra profundamente desconcertada al sentir que está viviendo con dos personas a la vez. La alcohólica y la sobria.

—Luego viene la más difícil y larga de las cuatro etapas, la crítica. Se da entre los 22 y los 55 años, seguimos frente a una persona activa y capaz, pero sus actitudes comienzan a controlarnos por medio del enojo y del temor. Su nivel de neurosis se incrementa y la culpa que los embarga los hace ser aún más agresivos, sin que los que estamos cerca lo podamos comprender.

—Generalmente, para ese momento, los hijos del alcohólico ya crecieron y los conflictos familiares están a la orden del día. Las faltas de respeto, como los gritos, los insultos e, incluso lo golpes, se vuelven parte de la convivencia familiar. El enfermo alcohólico fluctúa entre la idea de buscar ayuda y seguir bebiendo pero, por lo común, opta por lo segundo.

—La muerte de neuronas se da por millones en este nivel. No es extraño observarlo con lagunas mentales leves, pero desconcertantes como repetir una misma cosa miles de veces porque ha olvidado que ya la dijo. O no puede recordar dónde dejó las llaves del auto e, incluso, el auto mismo.

—Otra consecuencia de su deterioro neuronal es la celotipia. Ni el alcohólico, ni su cónyuge, sospechan siquiera que sus celos excesivos y su paranoia tienen que ver con esto. Y que se requiere a veces medicamento psiquiátrico para poder controlarlo.

—Los problemas orgánicos como úlceras, colitis, problemas respiratorios o en el hígado comienzan a aparecer. Finalmente, de no recibir ayuda a tiempo para lograr detener la ingesta de alcohol, se llegará a la etapa crónica. En esta hay sólo dos destinos inequívocos: uno es la locura y el otro la muerte.

—Cuando yo me enteré de lo que implica padecer esta enfermedad, pude comprender el dolor y la miseria con que debe dormir y despertar todos los días un enfermo alcohólico. Créanme que, hoy por hoy, compadezco y respeto profundamente a estos seres humanos, a quienes tanto juzgué alguna vez. Pero, sobre todo, agradezco "no ser yo un enfermo alcohólico".

Un largo aplauso sobrevino y, para mi sorpresa, la mujer que tenía junto, era partícipe de dicha ovación. Yo estaba impactada, aquella información había minado todas mis resistencias y mi negación.

Las lágrimas salían de mis ojos sin que pudiera evitarlo. ¡Qué monstruo tan terrible se había apoderado de los dos hombres más cercanos a mi vida!, y ¡qué ignorancia tan grande la que habíamos tenido todos los que estábamos a su lado!

Anunciaron que saldríamos por unos minutos para tomar un receso y en verdad lo agradecí. Necesitaba un poco de aire y un café caliente.

De repente apareció Rita entre aquella multitud con una enorme sonrisa y un abrazo que, de no haberme dado ella, se lo hubiera pedido yo.

—¡Gracias!—, le dije con un nudo en la garganta—, ahora puedo entender lo que le pasa a mi hermano y lo que también padeció mi padre.

—¡Y espera la segunda parte!, ¡en esa entenderás lo que te pasa a ti! —Dijo sin desvanecer la sonrisa, ni la calidez de su mirada.

Y así fue...

—Hace quince años, llegué a la puerta de un grupo de familia Al—Anon —dijo Julio, para iniciar aquel relato estremecedor—. Tenía 23 años y una tonelada de reproches a la vida, estaba furioso con el mundo entero, especialmente con mis padres. De treinta días yo me enojaba cuarenta. Ya fuera por el cepillo que no encontraba o porque mi mamá le servía más comida a mis hermanos que a mí, —se rio—, como si la pobre tuviera una regla para medir la cantidad de la comida y dijera: ¡este plato es para el jodido de Julio!

—Fíjense, yo me enojaba con los días lluviosos, por que se mojaban mis zapatos, con el calor porque sudaba mucho y con el aire porque me despeinaba. Pero antes, me había irritado con mi cabello por lo difícil que era peinarlo. ¡Así de padre vivía yo!

—Además, déjenme decirles, que durante muchísimo tiempo me sentí... algo así como... "el supervisor general de la humanidad". Yo sabía qué tenían que hacer y qué no hacer los demás, ¡y cómo fregué! Fui el hijo, el hermano, el amigo, y la pareja más metiche que se puedan imaginar. No tenía una maldita idea de todo lo que tenía que componer en mi vida, pero sabía que mi mamá tenía que divorciarse del borracho de su marido y que mi hermana no debía pintarse tanto y que mi hermano debería ser más educado. ¡Ah! Y que el presidente de la república tendría que ser más inteligente y menos ratero para sacar adelante a este país. —Agregó burlón.

—Ya hablando en serio —continuó cambiando el tono de su voz—, mi vida era un desastre y yo no comprendía por qué. Hasta ese momento, ignoraba que el alcoholismo de mi padre era una enfermedad con todas las características que ya he mencionado. Y también ignoraba que mi madre, mis dos hermanos y yo mismo, padecíamos otra enfermedad llamada "codependencia", que al igual que el alcoholismo, era irreversible, progresiva y mortal.

—Esto significa, en otras palabras, que el borracho, bebe alcohol, pero nosotros los familiares nos bebemos al borracho.

Este comentario propició nuevas risas durante la conferencia.

—Nosotros no necesitábamos beber para hacernos la vida imposible los unos a los otros. Una mañana desperté con mi hermano Bernardo encima de mí con un cuchillo apuntándome la cara. ¡Te voy a matar idiota!, fue su saludo de los ¡buenos días!... ¡Nos amábamos tanto! —Agregó sarcástico.

—Mi familia completa estaba loca, pero no lo sabíamos —prosiguió—, un día mi mamá me nombró algo así como su esposo menor. Las borracheras de don José Julio, o sea mi papá, llegaban a prolongarse semanas enteras. Perdió más trabajos de los que consiguió en toda su vida, así que la economía familiar era tan deplorable como el resto de las condiciones en que vivíamos. Por lo que doña Bertha, o sea mi mamá, trabajaba tiempo completo. ¡Y no saben qué huevos a la mexicana aprendí a cocinar a los 8 años! Yo era el hermano mayor, y el mandamás al que Bernardo y Cecilia, tenían que aguantar. A un papá postizo, mandón y gritón como yo. Aún no entiendo por qué me amaba tanto Bernardo ¿ustedes sí?

Esta vez, yo también participé en el coro de carcajadas. Y, es que el tono y la actitud que usaba Julio en sus relatos estaban tan lejos de la autocompasión, pese a la crudeza de la historia.

—Para cuando cumplí diez años, Ceci, que era un encanto, siempre metiéndose en lo que no le importaba... ¡Perdón!, quiero decir siempre ayudando a todo el mundo, medio aprendió la receta de mis huevos a la mexicana, aunque nunca le quedaron igual de ricos. —Aclaró.

—Así que mis contribuciones dentro de aquel hermosísimo hogar pasaron al plano económico. Comencé a trabajar a la salida de la escuela... en un supermercado muy famoso en aquel entonces, llevando las bolsas del mandado de las señoras ricas hasta sus autos.

—¡Hey güerito!, quiero que tú me ayudes. —Decían aquellas "doñas" dirigiéndose a un servidor.

—Pero entre la escuela y el trabajo, el regreso a casa era lo mejor. ¡Vieran qué divertido era llegar y ver a mi papá zumbándole unas buenas cachetadas a mi mamá! A los 10 años me mandaba al otro rincón de la casa de un empujón cuando intentaba detenerlo, pero a los 14, las cosas cambiaron y el que acabó tirado en un rincón no fui precisamente yo.

—En esa ocasión, la edad y la furia contenida que guardé por años contra ese hombre que nos había arruinado la vida a todos, me dieron la fuerza para defender a mi madre en otras condiciones. Y me le fui encima a golpes, olvidándome por completo que ese borracho, además de ser el verdugo de mi mamá, también era mi padre.

—Les digo que de verdad nos teníamos amor del bueno. —Bromeaba Julio de nuevo ante las risas y las lágrimas entremezcladas de todos los que entendíamos perfectamente de qué estaba hablando.

Nos compartió tantas experiencias trágicas con un sentido del humor, que sólo alguien con el nivel de comprensión y madurez que él tenía, podría haber añadido a ese relato.

—Un inolvidable 9 de marzo —prosiguió—, ¡toqué fondo! Con todas mis relaciones interpersonales destrozadas, con la autoestima más baja que un ser humano puede tener y con un exagerado sentido de la responsabilidad y la perfección.

—Llegué a un hospital con un sangrado interno que ¡casi me provoca la muerte!, una úlcera me había estallado y, por mi propia negligencia, agravé la situación y pedí ayuda hasta que ya no pude más.

—Entre la vida y la muerte, una mujer maravillosa que

hasta el día de hoy es una de mis grandes amigas, me hizo caer en cuenta de la relación que había entre mi salud y mis emociones afectadas por haber crecido en una familia tan disfuncional.

—Su nombre es Susan, fue la enfermera que me atendió en aquel hospital. Mi madre, que no le gustaba el chisme, le contó santo y seña de nuestra vida mientras yo dormía profundamente bajo los efectos de los sedantes.

—Ella fue la primera persona que nos pasó el mensaje de recuperación que ofrece Al—Anon a los familiares de los alcohólicos. Por supuesto que mi encantador y receptivo carácter de aquel entonces, la mandaron derechito a sermonear a otro lado. Pero durante las largas horas de tedio que pasé en aquel hospital, no tuve más remedio que leer el único libro que tenía cerca y que, intencionalmente, Susan me había llevado.

—El ejemplar versaba sobre las características y los roles enfermizos que los hijos de familias disfuncionales desarrollábamos para lograr sobrevivir en ellas. Y que, posteriormente, perpetuaríamos en nuestra vida adulta, si no recibíamos ayuda especializada.

—El hijo adulto de una familia disfuncional lo único que quiere, es ¡largarse de la casa jodida en donde está! Y cree, firmemente, que al hacerlo se liberará de todos sus conflictos y que jamás repetirá los errores que tuvieron sus padres para con él.

—Lo que no sabe es... que de no recibir ayuda, los conflictos se repetirán corregidos y aumentados. Y, además, de generación en generación.

—Entre los 25 y los 30 años comenzarán a tener "crisis existenciales graves" sin entender el porqué. Y se autosabotearán en todas las áreas de su vida por una simple razón:

Aprendieron a vivir tan mal durante tanto tiempo, que la sensación de éxito, amor o bienestar les es totalmente ajena e, inconscientemente, generan mecanismos para regresar al estadio jodido de siempre.

—Los hijos adultos de familias alcohólicas o disfuncionales padecemos severos daños emocionales y, lo peor de todo, es que no queremos recibir ayuda. Algunas de nuestras características son:

· Nos cuesta trabajo llevar proyectos a término.
· Nos juzgamos sin piedad.
· Nos cuesta mucho divertirnos.
· Buscamos parejas en conflicto (alcohólicos, adictos, neuróticos, etc.).
· Reaccionamos de modo exagerado ante las cosas que se salen de nuestro control. (Siempre actuamos por impulso).
· Tratamos constantemente de obtener aceptación y aprobación.
· Nos sentimos diferentes de las demás personas.
· Somos súper responsables o súper irresponsables.
· Somos extremadamente leales, aun con quien evidentemente no lo merece.

—¡Por nombrar sólo algunas! —Dijo, haciendo la farsa de que todo el aire de sus pulmones se había agotado al mencionar aquella lista de monerías.

A mí sí me estaba faltando el aire de verdad, casi todo eso me pasaba. Era como si un enorme velo se estuviera desvaneciendo ante mis ojos y todo comenzó a tener sentido respecto a mis actitudes y mi forma de sentir. Jamás imaginé que el origen fuera haber crecido en un hogar alcohólico.

Pero entonces comenzó a hablar sobre los cuatro roles que los hijos de estas familias habríamos de adoptar desde nuestra niñez, para poder sobrevivir en un ambiente de disfunción.

Hizo referencia a un estudio muy extenso, realizado en Estados Unidos por la doctora Claudia Black, en su libro *No hablar, no confiar, no sentir*[4], desde la década de los ochenta hasta la fecha, que dio por resultado estas cuatro tipificaciones.

—Los hijos Conciliadores, son la Cruz Roja en pocas palabras. —Sugirió, burlón.

—¿Por qué? —Se escuchó gritar a una señora.

—Porque estos hijos van por la vida más o menos así... ¿Vidas que salvar? ¿Vidas que salvar?

Un nuevo brote de carcajadas sobrevino en ese momento.

—Como no tienen ni la menor idea de cómo solucionar sus propios conflictos, entonces les es más fácil ocuparse de los conflictos de los demás. Saben perfectamente qué tienen que hacer con el otro y se vuelven expertos en componer vidas ajenas. Esa era mi hermana Ceci. —Dijo llevándose la mano a la frente, pero sin dejar de sonreír.

—Era la payasita de su clase y también de la casa, siempre diciendo alguna ocurrencia para hacernos reír en medio del caos. Y normalmente presente para ser el réferi de las peleas, no podía ver a nadie triste, ni en conflicto sin comenzar a elucubrar posibles soluciones. ¡La pobre se metía en cada bronca!

—Más de una vez se echó la culpa para defender a mi hermano Bernardo o a alguna de sus compañeras de escuela. Era la única de la familia que esperaba despierta hasta

---

4 Black Claudia, *It will never happen to me*, (No hablar, no confiar, no sentir), Ed. Pax, México, 1987.

altas horas de la noche a que mi papá llegara a casa. Desde muy chiquita se convirtió en la mamá de su papá. ¿Se imaginan?

—Los Conciliadores viven para los demás, excepto para sí mismos. Son capaces de grandes sacrificios en pro de ayudar a los otros, pero siempre terminan desilusionados al ver que nadie es capaz de corresponderles en igual forma. Ellos piensan ¿algún día podré tener un amigo igual que yo?

—Para los ojos de su familia y de la sociedad, estos niños son muy sensibles y muy nobles. Y lo son, sólo que tras esa manera tan servicial de ser, se esconde una búsqueda inconsciente por sentirse amados y aprobados, aunque sea un poquito.

Las lágrimas me brotaron una vez más, esa era yo, esa era Nicole. Siempre pendientes de las necesidades de los demás. ¡Y Julio tenía razón! Recibir la aceptación y el cariño de otros era lo que siempre habíamos estado buscando.

—El hijo responsable —continúo...—, es ese niño o niña de 8 años entrados en 30. Generalmente, es el mayor de los hermanos. Es aquel que hará las veces del papá o mamá en aspectos domésticos e incluso económicos. Es muy organizado. Esta criatura, junto con su sentido de responsabilidad, es admirada por todos los adultos.

—¡Ojalá mi hijo fuera como el tuyo!, le decía la comadre a mi mamá, mientras que yo pensaba... ¡Ojala mis padres lo valoraran!, como esta señora.

—Los hijos responsables son personas que a muy temprana edad tendrán logros importantes a nivel laboral y adquisitivo. Sin embargo, tendrán grandes problemas para relacionarse con los demás y para expresar sus sentimientos. Su perfeccionismo y rigidez los harán sentirse aislados de la gente a su alrededor.

—¡Ese fui yo! —Dijo Julio—, realmente un tipo insoportable. Mi obsesión por el orden y la limpieza, mi prepotencia y mi inflexibilidad le fastidiaron la vida a todas las personas que tuve cerca. Un buen día, una persona del grupo de Al—Anon me confrontó con una pregunta que me enmudeció y me hizo caer en cuenta de lo grave de mi personalidad.

—Julio —me dijo—, ¿tú podrías vivir con alguien como tú?

Julio hizo una pausa y un silencio apabullante se apoderó del auditorio.

Esa es Valeria, pensé, vino a mi mente la tarde en que estuvimos sacando del clóset y de los cajones las pertenencias de mi cuñada. Me quedé perpleja cuando sacó un cajón lleno de medicamentos.

—¿Y eso? —Le pregunté estupefacta.

—Mi mamá tomaba pastillas hasta para respirar —me dijo entristecida—, no recuerdo la última vez en que se levantó temprano para prepararnos el lunch. Desde hace mucho tiempo lo preparo yo, porque la pastilla que tomaba a diario para dormir la hacía despertar muy tarde. Ella decía que estaba enferma de los nervios y que estas pastillas la hacían sentir mejor.

Valeria era exactamente la hija responsable que Julio estaba describiendo. Siempre al pendiente de todos los detalles y dirigiendo a sus hermanos como si fuera su mamá. Su carácter era tan diferente al de las chicas de su edad que, por supuesto, no tenía amigos. De pronto entendí: ¡tantas cosas tras la aparente madurez de mi sobrina! ¡Pobre Val!, no sólo es hija de un alcohólico, sino que también lo fue de una madre fármacodependiente.

Bianca, en cambio, era la hija adaptadora, Julio explicó que este rol consiste en permitir que el resto de la humanidad dirija tu vida. Son esos niños que, frecuentemente, encuentras en un rincón en silencio y alejados de los demás.

Y cuando conviven, se mimetizan según el medio en el que se encuentren. Ante los problemas y las discusiones, los adaptadores piensan ¿para qué intervengo si de todas formas yo no puedo remediar nada? Es como si fueran invisibles. Es muy raro escucharles externar una opinión y, mucho menos, defenderla. Si es que la dieron, son bastante manipulables. Normalmente se encierran en su propio mundo de fantasía. Nunca dan problemas, hacen todo bien pero tampoco sobresalen para no llamar la atención.

Estos hijos, aparentemente, son los más sanos de la familia. Sin embargo, son los que se encuentran en mayor peligro de caer en las adicciones y la depresión profunda, debido al hermetismo y la soledad en la que viven. Lo ven todo, lo escuchan todo, lo sienten todo, pero lo callan todo.

—Hijos de conducta inadecuada. ¡Ese también fui yo! —Declaró cínicamente nuestro eminente conferencista—, este hijo es el conejillo de indias en una familia disfuncional. Es el principal distractor que hará que todos los ojos se concentren en él, y que se pueda seguir evadiendo el principal problema.

—Los gritos, la agresión, el sarcasmo... son su forma de comunicación predilecta. Probablemente se convierta en adicto al alcohol o a las drogas, o se verá involucrado en embarazos prematuros. Es casi siempre la vergüenza de la familia, pero esta actitud de rebeldía es la única que le permite sobrevivir en medio del caos familiar.

—Es la manera de suplicar atención y afecto. Según los expertos, este es el más sano de toda la familia, ya que es el que saca todas sus emociones. Mal, pero lo hace y, generalmente, es el primero de la familia que buscará ayuda debido a los fondos tan profundos en que llega a verse inmerso.

—¡Y lo comprobé con mi propio caso!, fui el primero de

mis hermanos en tocar un fondo que, por poco, me quita la vida… Así que, no me quedó otra opción que aceptar que necesitaba ser ayudado.

—Y ustedes, ¿ya se identificaron con alguno de estos roles?

Una chica de aproximadamente 15 o 16 años levantó la mano, interrumpiendo el relato de Julio, para expresar una reflexión que impactó al auditorio completo, incluido el ponente.

—Yo también soy una hija de conducta inadecuada como tú dices, pero, ¡es que es tan injusto ver como mis padres me piden siempre dar lo mejor de mí! ¡Yo debo ser la mejor estudiante!, ¡la mejor hija!, ¡la mejor hermana!, ¡no debo ser desordenada!, ¡no debo llegar tarde a casa!, ¡no debo cometer ningún error! Mi madre es la que bebe en mi casa y papá nunca está presente. Él puede llegar a las once de la noche si quiere, incluso no llegar. ¡Mi casa es un desastre! ¿Cómo esperan que yo sea perfecta? —Se detuvo para tomar aire y concluyó diciendo:

—Mis padres me exigen dar lo mejor de mí, cuando la realidad es que ellos me dan lo peor de ellos.

La cara de Adrián se agolpó en mi mente de inmediato y una vez más la angustia por su desaparición se apoderó de mí, pero ahora con mucha mayor fuerza.

—¡Entiendo a la perfección tu sentir! —Contestó Julio, en tono de complicidad—, ¡y tienes toda la razón! ¿Alguno de tus padres está recibiendo ayuda emocional por algún medio?

—¡No!, yo vine aquí por la insistencia de una amiga mía y a mí sí me gustaría recibir ayuda antes de regarla tanto como tú.

Todos volvimos a reírnos estrepitosamente.

—¡Te lo suplico! —Le dijo Julio, sonriente—, ¡por favor!, busca de inmediato un grupo de autoayuda. Cuando comiences tu recuperación en Al—Anon, podrás entender la terrible enfermedad emocional que padecen cada uno de tus padres. Ese conocimiento —afirmó—, te llevará a la comprensión y entonces podrás perdonarlos. En ese momento serás libre para dar lo mejor de ti por decisión propia. Sin condicionar tu comportamiento por el de nadie más. Y, sobre todo, dejarás de sentirte atropellada por lo que la enfermedad de tus padres —aclaró—, no tus padres, puedan hacer erróneamente.

—Gracias a la ayuda que yo he recibido en este programa de doce pasos y, al estudio profundo de la enfermedad familiar del alcoholismo, pude aprender a separar a mis padres de su enfermedad. Hoy puedo decirte que yo llegué a amar y respetar intensamente a cada uno de ellos los últimos años de su existencia.

—Dios me dio el enorme regalo de poder disfrutarlos y convivir en armonía con ellos, a pesar de sus disfunciones. Ellos no tuvieron la suerte de recibir ayuda a tiempo y murieron sin saber que se podía vivir de otra manera. Pero ustedes y yo sí podemos aprender a hacerlo con la ayuda de este programa.

—El secreto está en abandonar la lucha de cambiar a otros. ¡Eso no se puede! ¡Y se los firmo donde quieran! Yo perdí años maravillosos de mi vida en este intento inútil y les aseguro que fui muy infeliz.

—Al día de hoy, tal vez no he logrado ser la persona que quiero ser, pero ya no soy aquel que fui. Hoy disfruto enormemente el regalo de la vida, dejé de fregar a mis seres queridos y de meterme en lo que no me importaba.

—Aprendí a abrazar y a besar. Y, sobre todo, a no juzgar a nadie porque no he caminado con sus zapatos en la vida.

—Aún no soy el Julio que quiero llegar a ser, pero me encanta el que soy ahora. ¡Hoy puedo amar a otros, porque he logrado amarme! Yo, que tanto me desprecié y me lastimé alguna vez. ¡Si yo pude, tú también puedes! Cambiemos nosotros y les aseguro que, por ende, todo cambiará.

—Ya basta de culpar a los demás por lo que no nos gusta en nuestra vida, eso es muy cómodo. Pero no arregla nada. Mejor ¡atórenle a recibir ayuda!, y recuperen su valía y su derecho a vivir bien. A pesar de todos los borrachos, neuróticos o enfermitos que haya a su alrededor. —Concluyó risueño y dicharachero como se mostró durante toda la mañana.

La conferencia terminó y me uní con ímpetu a los aplausos que esa gran familia de codependientes en ciernes de recuperación retribuíamos a quien tanto nos había alumbrado al compartirnos su conocimiento y sus experiencias.

Yo había pagado mucho dinero para escuchar un montón de conferencistas comerciales en los tiempos en que Álvaro y yo estábamos juntos, con el afán de sentirme a la altura de su "supuesta categoría intelectual", y no daba crédito al darme cuenta que, por escuchar a Julio, que no sólo poseía una información muy valiosa, sino que, además, era un extraordinario orador, no había pagado más que unas monedas que, por cierto, no irían a su bolsillo, sino a cubrir los gastos del evento.

Ese hombre, que ahora me parecía extraordinario, viajaba constantemente por el mundo, compartiendo un mensaje de vida y esperanza sin percibir un sólo quinto por ello, según me enteré tiempo después.

Salí de aquel auditorio dispuesta a contarles a mis sobrinas y a mi hermano todo lo que había aprendido esa mañana. Caminé algunas cuadras buscando alguna terminal de taxis, enfrascada en mis pensamientos y ¡tratando de acomodar tantas ideas nuevas que de un golpe estaban explicándome muchas cosas de mi vida!

Entonces escuché mi nombre. El jeep con aspecto safárico que veía estacionado a diario cerca de mi casa, se detuvo al lado mío.

—¿Vas para tu casa? —Preguntó Julio, con esa sonrisa que no desaparecía de su rostro desde que lo conocí.

—¡De hecho sí! —Contesté un poco nerviosa.

Esas enormes coincidencias, o mejor dicho *diosidencias*, como aprendí a llamarlas con el tiempo, me ponían en una posición muy especial en ese momento. En mis encuentros anteriores con ese hombre no mostré, precisamente, mi mejor cara. Y de pronto, sentía un agradecimiento y una admiración que no sabía cómo manejar.

—¡Sí que Guadalajara es chico! ¡Y la sorpresa de encontrarte esta mañana muy grande! —Dijo al mismo tiempo que sonreíamos—. ¿Qué tienes más, prisa o hambre? —Preguntó, respondiendo él mismo—. Esa cara dice que hambre, ¿es correcto?

—¡Algo! —Dije sin imaginar que estaba por vivir una de las tardes más bonitas y enriquecedoras de toda mi existencia hasta ese momento.

Comimos en un pequeño pero hermoso restaurante del centro de la ciudad que Julio, evidentemente, frecuentaba mucho. Fuimos recibidos con abrazos y besos que yo no entendía, bien a bien, por qué alcanzaban para mí también.

Laura y Hernaldo eran los propietarios de ese lugar mágico, tapizado de fotografías antiguas y artesanía de la región. Con una fuente al centro vestida de talavera y plantas asomando de los rincones de un techo pincelado de nubes y cielo, que Laura había pintado con sus propias manos.

—¡Pero qué mujer más hermosa te acompaña! —Dijo Hernaldo con ese tono caballeroso y pícaro que sonroja a cualquiera.

—Y, ¡además de ser hermosa, se llama Marian! —Contestó Julio para presentarme a su encantadora pareja de amigos.

Comimos a más no poder, la comida estaba deliciosa y, por un buen rato, logré olvidarme de todos mis fantasmas.

Hablamos de tantos temas como pudimos, nos reímos como enanos con los chistes que Laura y Julio contaron. Finalmente, Hernaldo puso el toque trovador con guitarra en mano y me complació con algunas canciones.

—¡Este cabrón nos salvó la vida en muchos sentidos! —Dijo Laura, haciendo uso de un léxico que en su boca no agredía y que, por el contrario, armonizaba perfecto con su personalidad fuerte y liberal... pero seductora y cálida al mismo tiempo.

—Yo soy alcohólica en recuperación ¿sabes? —Prosiguió—, me enlodé hasta donde no puedes imaginar y, si no fuera por Julio, no estaría aquí contándote mi historia, ni lo hermosa que me parece la vida hoy día. —Me contaba con los ojos humedecidos pero llenos de luz.

—Hernaldo y yo hemos estado juntos desde hace treinta años. Él se ha dedicado siempre al arte culinario y yo a la pintura pero, por mucho tiempo, mi marido también se dedicó a arreglar los estropicios de mis borracheras y yo a cometer ¡más y más tonterías! Mi hijo Leonardo y Julio se conocieron en un grupo de Al—Anon hace diez años. ¡Él nunca nos contó que estaba asistiendo a un programa de autoayuda!, supongo que no encontró la oportunidad de hacerlo pues su madre siempre estaba borracha o en depresión. Y su padre enfrascado todo el tiempo en el trabajo. Tenía 19 años cuando se suicidó.

Abrí los ojos tanto como pude y apenas me alcanzó la voz, para decirle:

—¡Lo siento mucho!

Jamás esperé que me contara algo así.

—Sólo dejó escritas dos notas, una para su padre y para mí y otra para Julio. La nota decía...

¡No es que me quiera morir!, pero es la única forma que me hará dejar de sentir tanto dolor ahora mismo. Me hubiera gustado mucho llegar a ver la vida como la ves tú, pero te encontré demasiado tarde. Aun así... gracias ti y a todos mis compañeros por su cariño. Al menos me voy sabiendo que fui valioso e importante para alguien.

—¡Leí tantas veces esa nota antes de entregársela al destinatario!, que jamás he olvidado esas palabras. Mi hijo no soportó más el infierno en que vivíamos como familia ni la muerte de su novia por una sobredosis de cocaína. Fue a Al—Anon para intentar ayudarla a ella y a mí, supongo. Sin embargo, tres meses después, cuando apenas empezaba a entender que ese lugar tenía más que ofrecerle a él para su propia recuperación que para regenerar a las adictas de su vida, fue que sobrevino la pérdida de su novia y no le alcanzaron las fuerzas para superarlo. Julio y sus compañeros del programa no pudieron ganarle la batalla a la codependencia de mi hijo en tan poco tiempo... pero este hombre no dio tregua alguna para rescatarnos a mi esposo y a mí. ¡Estuvo tan cerca en la etapa más terrible de nuestras vidas!, y no descansó hasta dejarnos bien instalados en puerto seguro. Yo soy alcohólica anónima y mi esposo integrante de un grupo de familia Al—Anon desde hace nueve años. Fue así como después de la muerte, conocimos lo que es la vida. Ha sido un camino muy difícil y doloroso, pero ha valido la pena.

No pude evitar mostrarme profundamente conmovida ante aquella historia, que sin conocerme, Laura me estaba compartiendo con el corazón en la mano y tras un fuerte impulso, la abracé emocionada.

—¡No dejes ni a Julio, ni al programa de Al—Anon ahora que los has encontrado!, ¡salva tu vida por favor! —Me dijo al oído, apretándome con mucha fuerza.

Al salir de ahí, caminamos sin dirección por las calles iluminadas en vísperas de Navidad.

—¡De pronto siento como si te conociera de toda una vida! —Dije—, ¡y sé tanto de ti y a la vez nada al mismo tiempo!

—Además de saber que soy hijo de un borracho y una loca adorables que desde el cielo deben seguir haciendo de las suyas. Por cierto... —dijo mirando cariñosamente al techo estrellado que nos cubría—, y, que soy un militante apasionado de un programa de doce pasos llamado Al—Anon, ¿qué más quieres saber de mí? —Me preguntó mientras cortaba una flor de malva de la maceta de un balcón por el que íbamos pasando, y que colocó entre mi oreja y mi cabello de manera juguetona.

—Bueno, durante la charla con tus amigos, me enteré que además de conferencista sin sueldo, te dedicas a la compra y venta de bienes y raíces. Pero, no sé ¿no he visto que vivas con alguien!? —Le pregunté tímidamente.

—Soy divorciado, no tengo hijos y mi única compañía

hasta el momento es Ringo, mi perro. Tengo un millón de amigos casi en todo el mundo. Soy amante de la buena música y la literatura. Bailo tango como todo un argentino —bromeó presuntuoso—, soy pésimo cocinando, tocando instrumentos y peor aún, cantando, como ya te habrás dado cuenta hace un rato.

Asentí sonriendo.

—¡Ah!, y adoro el helado de chocolate y el café de Veracruz. —Concluyó.

—¿Y tú? —Me preguntó, cruzando los brazos—, ¡a mí ya me sacaste toda la sopa en un solo día!, y yo sí que no sé casi nada de ti... excepto que te llamas Marian y que eres muy enojona —agregó burlón una vez más—, sé que tienes unos ojos y una mirada que no he podido sacar de mi cabeza desde que los vi por primera vez. También sé que tienes una sobrina que nos tiene enamorado a Ringo y a mí y que estás media chiflada como yo por algún alcohólico cercano, pero nada más.

—¿Quieres más? —Le pregunté con sarcasmo.

Y entonces le conté los últimos acontecimientos de mi vida. Desde mi ruptura con Álvaro, hasta la tragedia familiar por la que estaba atravesando mi hermano y el montón de recuerdos bloqueados que estaban activándose en mi memoria acerca de mi niñez y el alcoholismo de mi padre.

—¡Abriste mi horizonte esta mañana Julio! —Le dije tocando su brazo en señal de gratitud—, con tus palabras sembraste la esperanza que tanto necesitaba para luchar por una mejor calidad de vida para mí y para mi familia. ¡Muchas gracias!

—¡Gracias a ti por darte la oportunidad de aprender a vivir diferente!, ¡pero el camino apenas comienza Marian! Necesitas asistir a un grupo de família Al—Anon para recibir

ayuda constante o la situación de tu hermano te va a rebasar. —Dijo con la seguridad de quien sabe perfectamente de
lo que está hablando, y finalmente agregó:

—Y por favor nunca dudes en buscar mi apoyo. Si en algo
puedo ayudarte... cuenta conmigo. ¡Y lo digo en serio!

Capítulo IV

Tocando fondo

Cuando llegamos a nuestras respectivas casas ya eran casi las diez de la noche. El tiempo al lado de Julio pasaba como relámpago, no sólo por lo mucho que estaba aprendiendo de él, sino por su carisma y su extraordinario sentido del humor... ¡Hacía tanto tiempo que no reía como lo había hecho esa tarde!

Supongo que la vida quiso ser amable conmigo, y darme una tregua antes de vapulearme de nuevo con uno de los episodios más amargos y traumáticos de esta historia.

Cuando entré en la casa y vi una botella de tequila tirada sobre la mesa del comedor, sentí una sacudida en el pecho.

—¡Valeria, Nicole, Bianca! —Grité presintiendo algo malo.

—¡Tía ayúdanos! —Gritó Bianca desde la recámara de mi hermano.

No tengo palabras para describir lo que sentí, cuando vi a Gabriel tirado en la alfombra de su recámara, convulsionándose y arrojando espuma por la boca.

Nicole lloraba desgarradoramente, gritándole a su papito que no se muriera.

—¡Corre por el vecino! —Le ordené a Bianca... al del perro San Bernardo, ¡dile que venga!, ¡apúrate!

Valeria estaba pidiendo una ambulancia por teléfono y Julio llegó casi de inmediato.

—¡Es una congestión alcohólica! —Afirmó Julio—, este es el momento para internarlo en una clínica de rehabilitación. —Dijo convencido.

—Adelante —contesté—, ¿tú sabes en dónde hay una? —Le pregunté en medio de la locura, olvidándome que estaba hablando con un experto en materia de alcoholismo.

Lo transportamos en una ambulancia, uno de los paramédicos le controló un poco el efecto de la congestión por medio de una solución intravenosa.

El doctor, quien era el director de la clínica, y uno de los amigos más entrañables de Julio, inmediatamente atendió a mi hermano y terminó por controlar la crisis.

Julio y el médico me explicaron que por las condiciones en que se encontraba Gabriel era prudente internarlo, pero me advirtieron que no sería fácil mantenerlo allí sin su consentimiento.

—La rehabilitación más eficaz de un alcohólico se da cuando ingresa aquí por voluntad propia. Sin embargo, haremos lo posible. —Dijo el director de la clínica, y me dio a firmar un formulario de admisión que posteriormente tendría que firmar también Gabriel.

—¡Esto es lo único que puedes hacer por tu hermano Marian!, lo demás tienes que dejarlo a cargo de Dios. —Afirmó Julio, mientras me envolvía en sus brazos, intentando reconfortarme.

Antes de partir, me permitieron entrar en la habitación donde Gabriel se encontraba profundamente dormido. Temblaba todavía, tomé su mano y le susurré lo mucho que lo amaba:

—Siempre fuiste mi héroe ¿sabes? Recuerdo cuando lograste tener tu primera motocicleta. Aquella roja con franjas plateadas. Trabajaste muy duro para comprártela y... yo me sentía ¡tan orgullosa y tan feliz porque fui la primera persona que quisiste pasear en ella! Acababas de cumplir 18 años y yo apenas tenía 5. "¡No te asustes!, ¡estás con tu hermano!", me dijiste, cuando te apreté muy fuerte al sentir por vez primera la adrenalina de la velocidad. Entonces me relajé y disfruté del paseo. Me sentía ¡tan segura y protegida por ti! Y hoy me toca a mí venir a decirte lo mismo hermanito. ¡No te asustes!, ¡aquí está tu hermana! Voy a cuidar a tus hijos mientras te pones bien...Yo sé que vas a ponerte bien y volverás a ser el hombre sano y fuerte que yo admiro y necesito tanto.

Lo besé en la frente y lo persigné antes de salir, sentí que mi corazón se destrozaba, pero también sentí la esperanza de que ese fuera el inicio en la recuperación de mi hermano.

Aquellos días fueron extremadamente difíciles para mí, pero, sobre todo, para mis sobrinas, pues encima de todo, la temporada del año en que estábamos, maximizaba aún más su tristeza. Sería la primera Navidad sin su madre, sin su padre y sin su hermano.

¡No sé que habría sido de nosotras sin el apoyo de Julio! Ese ángel que teníamos por vecino se ganó el corazón de todas inmediatamente.

Igual se le encontraba metido en nuestra cocina preparando hot cakes, que consolando y explicando a cada una de mis sobrinas la enfermedad de su papá... ¡con un cariño y una delicadeza admirables!

Ambos estábamos muy preocupados por Nicole, ella acompañaba a Gabriel cuando sobrevino la congestión. No quería comer y se veía muy deprimida.

Julio me pidió permiso para subir a su recámara y hablar

con ella. Le indiqué el camino y preferí esperar afuera. Me senté en la alfombra del pasillo, a un lado de su puerta, con la impotencia y la angustia de ver a mi chiquita ¡tan triste y apagada!

—Mis hot cakes y yo ¡estamos muy preocupados porque es la primera vez que nos desprecian! ¡Señorita! Así que ¡vengo por una buena explicación!... ¿Acaso fue mucha mantequilla?, o ¿la mermelada de frambuesa hubiera sido mejor que la miel de maple? —La interrogó Julio.

—¡Sólo no tengo hambre!, tus hot cakes y tú no deben preocuparse. —Le contestó Nicole con la voz más desanimada que jamás le había escuchado.

—Entonces, ¿quieres contarme lo que te pasa?

—¡Extraño a mi papá Julio! ¿Qué va a pasar si no regresa? ¡Yo le dije que ya no bebiera tanto!, ¡te lo juro! Y no me hizo caso, quise arrebatarle la botella, pero me dio miedo que se enojara conmigo. ¡Yo tuve la culpa de que se pusiera así! ¡Si mi papá se muere yo voy a tener la culpa! ¿Por qué no le quité la estúpida botella?

Al escuchar las palabras y el llanto estremecedor de mi chiquita, me levanté de inmediato con la intención de ir a tranquilizarla, pero comprendí que yo misma estaba fuera de control y volví a mi lugar.

Julio la abrazó y le permitió llorar por un buen rato. Luego que el llanto cedió, comenzó a contarle un cuento.

—Había una vez un hermoso castillo, en la cima de una enorme montaña. Un rey muy bueno y noble vivía en él, junto a su esposa y su preciosa hija... la princesita Suset. ¡Eran una familia ejemplar! Se amaban profundamente hasta que una terrible enfermedad llamada tosferina atacó al rey. La característica principal de esa enfermedad es que el rey tosía y tosía y cada vez tosía más. Tosía tanto, que ya casi no podía jugar con su hija, ni comer, ni dormir... incluso dejó de sonreír. Alguien les avisó que el elíxir que podría curarlo sólo se podía hallar en un poblado muy lejano y únicamente le sería entregado al enfermo. Nadie más podía ir por él, pero el rey se sentía ¡tan débil y tan mal!, que no era capaz de emprender el camino hasta su cura.

—Suset estaba muy preocupada por su papá, y pensaba que sería capaz de hacer cualquier cosa con tal de verlo bien otra vez. Prometió a las estrellas y a la luna no comer más golosinas por el resto de su vida si el rey mejoraba, pero eso no sucedía. Su papá tosía y tosía sin parar. Una mañana la princesa salió al jardín y cortó las flores más hermosas que encontró. Pensó que si adornaba la habitación del rey con todos esos colores y aromas, él podría animarse un poco y hasta volvería a sonreír.

—Así que pasó horas seleccionando las más bellas y las más aromáticas flores y, mientras su papá se revolcaba en la cama impulsado por la fuerza de la tos, Suset colocó flores por toda la habitación, especialmente sobre la cama, a los pies de su papá. Cuando terminó ¡lo abrazó feliz! Y le dijo: ¡Mira cuantas flores papá!, ¡todas son para ti!, ¡ellas y yo sólo queremos verte sonreír! Pero el rey la alejó de él bruscamente y furioso le dijo: ¡Niña tonta!, ¡lo que tú quieres es matarme!, ¡el polen de estas flores me está poniendo peor!, ¡sácalas de aquí!

—Suset obedeció y se puso muy triste. ¡Tanto!, que también dejó de jugar, de comer y de sonreír, así como su papá. Ella creía que esa tos había hecho que su papá ya no la amara más. Y, mientras el rey tosía y tosía, ella lloraba y lloraba. Hasta que un hada apareció en los sueños de Suset y le iluminó la mente y el corazón con estas palabras: "Tu papá tose porque tiene tosferina, no porque no te ame. El elíxir para su enfermedad está esperando por él, pero tú no puedes hacer nada para apresurar ese momento. Lo único que puedes y debes hacer es volver a jugar y a sonreír. De todas formas él no dejará de toser por tu tristeza, y es muy probable que, de ver tu felicidad, le recuerde sus propias ganas de ser feliz y encuentre en tu ejemplo las fuerzas para ir en busca del elíxir que necesita".

—Suset despertó convencida de que la mejor manera que tenía de ayudar a su papá era volver a sonreír. Y, aunque al principio le costó trabajo, con el tiempo logró sentirse bien e incluso feliz, aunque su papá continuara tosiendo.

—¡El papá de Suset se parece mucho al mío!, sólo que él bebe, en lugar de toser. —Dijo Nicole cuando comprendió que había terminado el cuento.

—¡Sí!, porque tu papá también está enfermo, sólo que su enfermedad se llama alcoholismo. Es por eso que no puede dejar de beber y nadie puede causar, ni controlar, ni curar este padecimiento... únicamente él mismo. El lugar en el que está ahorita, es como ese camino complicado que debe recorrer para encontrar el elíxir que lo aliviará, pero nadie puede asegurarnos que las fuerzas le alcancen para llegar hasta ahí. Sin embargo, independientemente de lo que suceda, tú deberías pensar en hacer lo mismo que Suset, ¡volver a sonreír!

—¡Lo intentaré!, pero aun así espero que mi papito encuentre pronto su elíxir. —Dijo Nicole ya sin tanta tristeza.

—¡Me parece muy bien señorita! y ahora ¡arriba corazones! —Dijo Julio despojando a Nicole de las cobijas.

—¡Vamos a ponerle a esta casa algo de espíritu navideño!

—¡Yo sé dónde está guardado el árbol y las esferas! —Dijo Nicole recobrando algo de entusiasmo.

—Pues, ¡manos a la obra! —Dijo Julio, cargando a mi sobrina en hombros.

Bianca y Valeria se unieron a la misión, y yo me encargué de que la casa tuviera el aroma a frutas navideño. Era el momento ideal para hacer el ponche inolvidable que preparaba mi abuela.

Por un rato logramos relajarnos y pasar un buen momento, entre los ladridos de Chepe correteando esferas y las ocurrencias de Julio.

Mi hermano se encontraba estable y su proceso de desintoxicación estaba comenzando. Mis sobrinas estaban más animadas con todo lo que Julio les había compartido acerca de la enfermedad familiar del alcoholismo. Y yo, me sentía muy apoyada por su presencia en nuestras vidas.

El teléfono de la casa sonó interrumpiendo las adulaciones que le estaban haciendo a mi exquisito ponche.

—¡Es Beto tía! —Dijo sobresaltada Valeria—, ¡ya sabe en dónde está Adrián!

Tomé el teléfono de inmediato y anoté los pocos datos que Beto pudo darme. Para ser precisa... aquella hoja sólo contenía el nombre del antro donde trabajaba, un tal "Huesitos". Según Beto, él me ayudaría a dar con mi sobrino.

—¡Tengo que ir por él! —Anuncié decidida.

—¡Tijuana no es una ciudad ni chica ni fácil Marian! —Me comentó Julio.

—¡Me imagino!, pero no tengo otra opción, así sea debajo de las piedras lo voy a encontrar.

Julio intervino nuevamente, pero esta vez para ofrecerme comprar mi boleto de avión por medio de la agencia de viajes de un familiar suyo, asegurándome obtener un buen descuento. Acepté agradecida, ya que la situación económica en la que nos encontrábamos tampoco estaba en su mejor momento.

A día siguiente Julio apareció con boleto en mano, pero al revisarlo, me encontré con una sorpresa:

—¡Caray!, ¡creo que se equivocaron!, este boleto está a nombre de Julio Allende. —Le dije desconcertada.

—¡Perdón!, ¡este es el tuyo! —Dijo intercambiando ese boleto por el que sostenía en la otra mano. Lo mire aún más desconcertada.

—¡No me mires así!, a ver dime, ¿qué voy a hacer con tus sobrinas si te roban en Tijuana? ¡No te puedo dejar ir sola!

—¿Por qué haces todo esto Julio?

—¡Está bien!, ¡diré la verdad!, es que allá hay un restaurante llamado la Tía Juana, que prepara las mejores enchiladas verdes que jamás haya probado, y... no lo sé, Marian —interrumpió la broma—, sólo sé que quiero apoyarte si tú lo aceptas. Después de tantos años recibiendo ayuda emocional, todavía me aparece el síndrome de la Cruz Roja de vez en cuando. —Sonrió travieso.

—¡Gracias Julio!, ¡eres un ángel! —Le dije al tiempo que me abalancé sobre su cuello hecha un mar de lágrimas—. ¡Claro que acepto!, de hecho me moría por pedírtelo.

Esa misma tarde volamos en busca de Adrián. Yo estaba hecha un manojo de nervios, no sólo por el motivo de mi viaje, sino también por el miedo que desde siempre me provocaron los aviones. Julio, en complicidad con la azafata, trató de tranquilizarme pero todo fue inútil.

—¿Qué es lo peor que puede pasar? ¿Que el avión se caiga y nos muramos? —Preguntó mi ángel, tan oportuno como siempre.

Tan sólo me limité a lanzarle una mirada fulminante.

—¿Sabes?, —dijo— ¡he sido tan afortunado al aprender a vivir plenamente en los últimos años! Y confío de tal manera en la sabiduría de mi Poder Superior, que no temo a la muerte en absoluto. Me resisto a pensar que el amor infinito que Dios me tiene se termine en el momento de mi muerte. ¡Estoy seguro que cuando eso suceda, despertaré en otro lugar mucho mejor que este! Y me regocija pensar que será en su presencia.

—Para mí la muerte no es otra cosa que el regreso a casa. A mi lugar de origen, a donde realmente pertenezco.

—Tú sabes que yo viajo continuamente. En una ocasión el avión en el que estaba cayó en una bolsa de aire, lo que provocó una turbulencia espantosa. La mayoría de los pasajeros gritaron instintivamente y yo tan sólo pensé: Señor, si este es el momento y la forma que has elegido para llevarme a casa, adelante, ¡estoy listo!

Me quedé atónita, pero a la vez extrañamente serena con sus palabras.

—Siempre que sientas temor "razona tu miedo", eso siempre funciona.

—¡Fíjate!, —me explicó— yo le tenía pánico a la oscuridad desde que era un niño, hasta que un día razoné que la oscuridad no hace nada. Mi temor radicaba más bien, en pensar que alguien pudiera estar escondido en ella para agredirme. O en que pudiera tropezar con algún objeto, pero no en la oscuridad por sí misma. Este razonamiento disminuyó mi miedo a un cincuenta por ciento y la otra mitad se la entregué a Dios. De esta manera vencí ese y muchos miedos más.

La forma en que ese hombre vivía la vida contagiaba de paz y fortaleza a cualquiera.

El resto del vuelo estuve más relajada y divertida de como lo inicié.

¿Dónde estuviste todo este tiempo?, pensaba mientras él hablaba. No sólo comencé a admirar su sabiduría y su calidad humana, sino que, además, estaba reconociendo lo atractivo que era. De pronto, me descubrí con ganas de rozar su mano, de sentirlo aún más cerca y me asusté.

Julio era maravilloso, pero de alguna manera lo percibía ¡tan grande!, ¡tan superior!, ¡tan inalcanzable!, que de inmediato bloqueé cualquier pensamiento romántico en torno a él.

Llegamos a Tijuana de noche, fuimos directamente al hotel que la agencia de viajes nos había reservado. Después de instalarnos cada uno en su habitación, nos encontramos para çenar y para planear la estrategia más adecuada que nos llevaría hasta mi sobrino.

Eran casi las once de la noche cuando tomamos el taxi que nos transportó hasta El Kumbala, así se llamaba el lugar donde trabajaba "el Huesitos", con quien habríamos de ser muy sutiles y astutos, me advirtió Beto, ya que él también era parte de la mafia de narcomenudeo que lideraba un tal Ruperto, quien era el vocalista de la banda con quienes estaba mi sobrino.

Por ningún motivo debíamos parecerle sospechosos o no sólo perderíamos la pista de Adrián, sino además nos estaríamos buscando serios problemas.

Julio y yo acordamos que nos haríamos pasar por dueños de un antro y que estábamos interesados en contratar a la banda de Ruperto. Ambos llevábamos puestas chaquetas de piel y unos *piercings* sobrepuestos en la nariz y la oreja, que Nicole nos proporcionó de su inmensa colección de chucherías.

A la voz de tres, entramos en aquella atmósfera nebulosa y ensordecedora. Decenas de niños y niñas vestidos en su mayoría de negro, convulsionaban en cámara lenta al ritmo de aquel estruendoso rock metalero.

A nuestro paso tropezamos con una parejita que, prácticamente, estaban teniendo sexo a la vista de todos y el olor a marihuana era inconfundible e intenso.

—¡Ese de la batería debe ser el Huesitos! —Le dije a Julio literalmente a gritos—. ¡Mira su camiseta!

Era un muchacho alto y muy delgado, con una camiseta negra estampada de esqueleto.

No fue fácil, pero conseguimos una mesa cerca del grupo y esperamos pacientes el primer receso de la banda.

Julio se acercó al Huesitos y lo trajo hasta nuestra mesa. Seguimos nuestro plan al pie de la letra y cuando sentimos que el muchacho entró en confianza, mencionamos que alguien nos había recomendado también escuchar a la banda de Ruperto.

—¿Sabes dónde podemos encontrarlo? —Pregunté al fin.

Me miró un tanto extrañado, pero luego me dio el nombre del lugar donde ese sujeto se presentaba.

—¡Está muy cerca! Les voy a hacer un croquis, espérenme aquí. Voy por papel y pluma. —Nos dijo.

Apreté fuerte la mano de Julio y emocionada le grite al oído:

—¡Lo tenemos!

Él sonrió y respondió al apretón de mi mano, avisándome que necesitaba ir al baño.

El Huesitos regresó a la mesa y comenzó a trazar líneas sobre una servilleta, al tiempo que me llevé las manos a la cara instintivamente y el aro de juguete que tenía en la nariz, cayó, justo sobre la servilleta.

No sé qué expresión adoptó mi cara, pero debió ser tan obvia como la falsedad del *piercing* que el Huesitos tomó entre sus manos y de un jalón arrancó el que me quedaba en la oreja derecha.

—¿Quién carajos eres? —Preguntó furioso, al tiempo que hizo una seña a otro tipo que, en menos de un segundo, me estaba tomando del brazo y amenazándome al oído si hacía algún aspaviento.

Desesperada busqué con la mirada a Julio, mientras me conducían por el centro del lugar. Sólo recuerdo que empezamos a bajar una estrecha escalera hasta llegar a un cuartucho mal oliente y alejado de todo ruido.

Había una mesa rectangular de madera y algunas sillas blancas percudidas de plástico. Una grabadora y colillas de cigarro tiradas por todo el piso. En un rincón, estaba un sofácama medio roto en el que caí desplomada a punta de groserías y empujones... una vez que me manosearon en busca de algún arma ¡supongo!

—¿Crees que soy idiota? Nunca me tragué su cuento, pero quería ver hasta dónde llegaban ¡muñequita! —Dijo el Huesitos sacando una navaja apuntando en mi dirección.

—¿Para qué quieres a Ruperto? ¿Eres policía? ¡Habla! —Gritó acercándose cada vez más a mí.

—¡No soy policía! —Contesté aterrada.

—Entonces ¿quién eres? —Insistió, barriéndome con la mirada embrutecida y la navaja jugueteando entre los botones de mi blusa.

—¡Tal vez te crea!, porque ¡estás muy bonita para ser policía!, pero entonces ¿qué estás buscando? —Bajó el tono de voz y comenzó a respirar tan cerca de mí... como si yo fuera el aire.

En ese momento le tronó los dedos al sujeto que me había llevado hasta ahí y le ordenó que fuera a ver lo que había pasado con mi acompañante y a asegurarse que la banda volviera a escena.

—¡Diles que yo tengo otro instrumento que tocar! —Le dijo, humedeciéndose los labios con su lengua perforada y desabrochándose la bragueta.

En ese instante viví el miedo más atroz que jamás había sentido. Estaba frente a un drogadicto enardecido en todos los sentidos y no podía predecir si mis fuerzas alcanzarían para defenderme.

—No por favor. —Le supliqué en cuanto sentí sus manos por debajo de mi blusa, y su asquerosa saliva mojándome el cuello.

¡Dios mío! ¡Ayúdame!, repetía sin parar en mi mente y entonces se apagó de pronto la luz verdosa que alumbraba el cuartucho y se escucharon muchísimos gritos. ¡Julio no tiene miedo a la oscuridad!, pensé convencida de su participación en aquel apagón y con todo el coraje de que fui capaz empujé violentamente al Huesitos y corrí calculando la dirección de la puerta.

A tropezones subí la escalera con las manos aferradas al pasamanos. Escuchaba los insultos y los pasos de mi agresor detrás de mí. Sin embargo, nunca me detuve, salvo para patearlo con el tacón de mi bota, cuando pescó mi pierna. No sé en qué parte lo lastimé, pero me dio tiempo suficiente para llegar hasta el punto donde dio inicio aquella pesadilla.

—¡Policía! —Gritaban entre empujones y desmanes.

En ese momento se reactivaron las luces y me vi en medio de aquel desastre. Uniformados sometían brutalmente a los muchachos y vi volar varias botellas y vasos por el lugar.

De pronto me alcanzó una mano y me jaló con fuerza en medio de dos adolescentes histéricas. Era la mano de Julio que, esquivando todo tipo de obstáculos, me sacó de ese manicomio y me subió a toda prisa a un taxi que ya nos estaba esperando.

—¿Estás bien? —Me preguntó angustiado... tomando mi cara entre sus manos y revisándome de pies a cabeza.

—¡Estoy bien! —Contesté con las ganas de llorar contenidas.

Hasta que no pude más y comencé a sollozar recostada en su pecho. Julio me contuvo con fuerza, al tiempo que besaba mi cabeza y me pedía perdón por haberme dejado sola.

Más tarde me explicó que cuando salió del baño alcanzó a ver cuando me pararon de la mesa y me alejaron custodiada. Lo único que se le ocurrió fue salir del lugar y asegurarse de que no hubiera otra salida. Buscó el apoyo de un taxista que llamó de inmediato a una patrulla y, efectivamente fue él quien manipuló los interruptores de luz para ganarle tiempo al tiempo.

Don Pedro, el chofer del taxi, fue otro ángel que Dios mandó. Le explicamos el motivo por el que estábamos ahí y casualmente conocía muy bien a la banda de Ruperto y a mi sobrino, ya que su ruta fluctuaba entre un antro y otro los fines de semana, y los había transportado en más de una ocasión a distintos hoteluchos.

Perfectamente describió a Adrián y nos prometió ayudarnos a investigar esa misma noche dónde se estaba hospedando mi sobrino en ese momento.

—¡No es conveniente que vayan ahorita señorita! ¡Ya deben haber alertado al tal Ruperto de que lo andan buscando! ¡Déjelo en mis manos! —Ofreció heroicamente don Pedro.

Intercambiamos teléfonos y llegué a la habitación del hotel prácticamente sostenida por Julio. Todo mi cuerpo temblaba, no sabía bien a bien si era por el frío o por el tremendo susto que había pasado. Vestida como estaba, me metí en la cama, mientras él me arropaba, pero el temblor no cedía.

A Julio no le quedó más remedio que sentarse al lado mío y abrazarme para transmitirme su calor. ¡No supe en qué momento nos quedamos dormidos!, pero despertar con él a mi lado aquella mañana, ¡fue uno de los instantes más lindos que conservo en la memoria!

En ese momento supe que estaba enamorada de ese hombre. ¡Ya no podía negármelo! Y eso me asustaba tanto o más de lo que me entusiasmaba.

Supongo que a él le ocurría algo muy parecido, pero no lo confesó, sino hasta tiempo después.

El celular de Julio comenzó a sonar despertándolo bruscamente. Era don Pedro con buenas noticias.

Adrián había tenido problemas con Ruperto y lo había corrido de la banda, según le comentó uno de los integrantes, y ahora trabajaba como mesero en una cafetería que se encontraba justo a unas pocas cuadras del hotel donde nosotros nos hospedábamos.

¡El alma me regresó al cuerpo!, y como alguna vez escuché decir a Julio: Comprobé que Dios existe y que además le caigo bien.

Durante el desayuno, mi gurú personal me hizo reflexionar sobre la posibilidad de que Adrián no quisiera regresar con nosotros a casa.

—Después de todo lo que debe haber pasado con esos delincuentes, seguro querrá volver con su familia. —Objeté—.

Julio sonrió consecuente y tomó mi mano.

—¡Esperemos que así sea Marian! Es sólo que me queda claro que tu sobrino es el que juega el rol de conducta inadecuada en su familia. Y, por experiencia propia, te digo que somos muy soberbios y difíciles de persuadir. Debemos ser muy cautelosos y no formarnos grandes expectativas acerca de su reacción para no frustrarnos después. Eso es todo. —Dijo sin que pudiera volverlo a contradecir. Como siempre que tenía razón.

Cuando estuve frente a Adrián, me le fui encima lloriqueando por la emoción de volverlo a ver sano y salvo, mientras que él hizo todo lo que pudo por autocontrolarse. Y, aunque sus ojos se llenaron de lágrimas, se limitó a darme un apretón de manos y preguntarme muy serio:

—¿Qué estás haciendo aquí tía?

—Vine por ti. —Le contesté con ese tono que los codependientes que nos sentimos súper héroes solemos usar.

Pero entonces recordé las sugerencias de Julio, acerca de ser cautelosa y desvié la tensión, preguntándole de la aventura que seguro había vivido en los últimos días. Pero no quiso bajar la guardia en ningún momento y se limitó a decir que todo estaba bien.

Le conté lo que había pasado con su padre y la esperanza que teníamos en que al fin comenzara a recuperarse de su alcoholismo.

Sonrió sarcástico y dijo:

—Yo ya no creo en los Santos Reyes, tía. Desde que tengo uso de razón, todos en casa esperan ese milagro, el cual nunca va a suceder. Yo estoy harto de ese cuento. La verdad, con estar lejos de ese circo me basta y así me quiero quedar, ¡lejos! No pienso regresar. Así que lamento mucho que hayas tenido que venir hasta acá para oír esto, pero así son las cosas. —Concluyó poniéndose de pie.

Quise suplicarle a Julio su intervención con la mirada desesperada, pero él no intentó decir, siquiera, una palabra.

—Tengo que seguir trabajando. Salúdame a las ardillas. — Así se refería Adrián a sus hermanas. Fue todo lo que dijo antes de alejarse.

Salimos de la cafetería en silencio y así permanecimos durante varios minutos. Me sentía triste y ofuscada. Estaba resentida con mi hermano por su irresponsabilidad como padre, con mi cuñada por haberse muerto, por la frialdad y la rebeldía de Adrián e, incluso, con Julio por no haber hecho uso de toda su preparación para ayudarme a convencer a mi sobrino de volver a casa.

Estaba resentida con todo y con todos y lo único que quería era llorar a solas. No soportaba el silencio de Julio, ni el ruido de los carros, ni la sonrisa de los guías turísticos que salían al encuentro.

—Quiero irme al hotel, estoy muy cansada. ¿Me disculpas? —Dije algo cortante.

—¡Claro!, yo caminaré un rato más. —Contestó Julio con su ánimo inamovible.

Quería estar sola, pero también quería su consuelo. Entré en uno de esos episodios contradictorios que nos aquejan especialmente a las mujeres en donde ni una misma entiende lo que realmente quiere. Pero me enojaba que Julio no lo adivinara... y no es que no lo adivinara, ese hombre sabía tanto de la condición humana y sus vericuetos, como yo de idiomas. Sin embargo, la diferencia es que él no se enganchaba emocionalmente ¡eso es lo que le admiraba!, aunque también lo detestaba, porque ahora se trataba de mí.

—¿Se puede saber por qué no dijiste nada? ¡Tú que sabes tanto de la enfermedad del alcohólico y de la familia y que das conferencias por todo el mundo para ayudar a la gente? ¿Por qué te quedaste callado? —Exploté sin querer evitarlo al ver su aparente indiferencia.

—Cuando estés más tranquila platicamos. —Fue todo lo que dijo antes de darme un beso en la frente y dar media vuelta.

Esa actitud me hizo sentir aún más molesta. Caminé hasta el hotel con los nudillos apretados y la garganta contraída. Julio había mencionado en aquella conferencia que los codependientes vivíamos queriendo cambiar la conducta de otro u otros seres humanos y que, detrás de nuestras buenas intenciones y los innumerables esfuerzos por ayudar a los demás, se escondía el deseo de sentirnos aceptados y amados por otros.

"Cuando tú brindas ayuda y apoyo a alguien por amor el resultado de paz y gozo dentro de ti será evidente, aun cuando no recibas ni las gracias por lo que hiciste". Pero... "Cuando actúas impulsado bajo la trampa de la codependencia, padecerás una sensación de mayor soledad e, incluso, te descubrirás resentido, al no sentirte retribuido como lo esperabas".

Aceptar que mi codependencia tenía más participación que el amor en mis acciones, me dolía mucho. Sentirme la buena de mi familia, la incondicional, me había dado un cierto estatus y una aparente sensación de valía y ahora me sentía despojada de lo único que me había sostenido por años. Abrir la conciencia de mi propia enfermedad emocional y mis defectos era el camino más liberador, pero también el más difícil de transitar.

Lloré no sé por cuánto tiempo, hasta que me quedé profundamente dormida. Varias horas después tocaron a mi puerta con insistencia y me levanté aturdida.

—¡Adrián! —Exclamé despabilándome al instante.

—¡Vámonos a casa! —Me dijo con las manos metidas en los bolsillos de su pantalón y con el rostro y los ojos enrojecidos. Evidentemente no fui la única que había derramado varias lágrimas aquella tarde.

Nos abrazamos con fuerza y con cigarrillo en mano respectivamente, comenzamos una charla maravillosa sentados en la alfombra de mi habitación.

Julio se mantuvo al margen por su larga experiencia en

el contacto con adolescentes de conducta inadecuada, sabía que ese no era el momento propicio para abordar a mi sobrino. Así que una vez que la tía loca desapareció de la escena, se regresó a la cafetería y, pese al rechazo que le mostró Adrián en un principio, no se dio por vencido hasta lograr hablar con él.

—Yo también he odiado a mi padre ¿sabes? Si yo te contara de cuántas formas lo maté en mi cabeza, no me creerías. ¿Tú ya mataste al tuyo?

Estas fueron las palabras mágicas que le entregaron la atención de Adrián, quien permaneció en silencio escuchando a Julio, a pesar de sus resistencias.

—¡Y cómo no lo iba a odiar!, era tanto o más borracho que el tuyo. —Prosiguió Julio—. Imagínate que una madrugada me despertó a punta de bofetadas y maldiciones porque se le metió en la cabeza que yo me había tomado su botella de brandy. —Sonrió irónico—. Yo apenas tenía diez años y un papá auténticamente loco.

—Mi mamá no metió las manos, sabía que de hacerlo la siguiente víctima sería ella y el miedo llega a entumecernos hasta la conciencia. —Continuó Julio—. Pero me defendió mi hermana Cecilia, que en ese entonces, tenía ocho años.

—¡Yo quebré la botella sin querer papacito! ¡No le pegues a Julio! —Le dijo Ceci valiente, poniéndole las manitas al frente en espera del castigo.

—No le pegó en las manos, pero se desahogó destrozando su muñeca favorita. —Recordó Julio con una tristeza enorme.

—¡Fue sin querer! —Le dijo mi padre con ese sarcasmo cruel que suelen usar los borrachos.

—Yo quería consolar a mi hermana ¿sabes?, pero mi rabia y mi impotencia no me dejaron. Saqué unas tijeras del buró y despedacé mi almohada ante los ojos atónitos de mis dos hermanos. Esa fue la primera vez que deseé vehementemente que un rayo partiera en dos a ese hombre que tenía por padre. Luego llegaron la culpa y el remordimiento.

—Después de todo, crecí obligado a repasar diariamente los diez mandamientos: Honrarás a tu padre y a tu madre. Durante años temí el fuego del infierno, ¡segurito mi alma se iba a condenar! pensaba, pero a pesar de mi miedo, no podía dejar de sentir ¡tanta furia en contra de mis padres. Me purgaba la cobardía de mi madre.

—Cuando cumplí catorce años, la amenacé y le dije que era momento de escoger entre su marido o su hijo. Se limitó a llorar y llorar, y nunca me dio una respuesta. ¡Menos mal! —Bromeó—. Porque de seguro lo habría escogido a él, y yo no tenía a dónde ir. Así que por esa ocasión, su silencio me convino.

Adrián no pudo evitar sonreír, en medio de la tragicomedia que le estaban contando Julio.

Entonces fue que Julio aprovechó para comenzar a hablar de la enfermedad del alcoholismo y de la codependencia. Y, por supuesto, de la existencia de los programas de doce pasos, como AA y Al—Anon.

¡Fue tan preciso! Y a la vez usó un lenguaje tan sencillo, que Adrián pudo captar fácilmente ese mensaje que nunca antes había escuchado.

—¡Si mi padre me dio lodo Adrián, es porque a él le dieron estiércol! ¿Entiendes? Cuando fui adulto y me interesé por conocer su historia, me di cuenta de que ese hombre no tenía otra cosa que ofrecernos. Tan sólo la pequeñez y la amargura que gestó durante su infancia.

—Mi padre provenía de una familia extremadamente humilde. Fue el mayor de seis hermanos y mi abuelo decidió que por esa razón tenía que matarse trabajando junto con él para mantener a la familia, se lo llevó a Estados Unidos, y por supuesto que viajaron como ilegales.

—Precisamente llegaron a esta ciudad para encontrarse con "el pollero" que los transportaría a California. Durante varias horas permanecieron escondidos en la parte trasera de una camioneta vieja, junto a hombres y mujeres que, como mi abuelo, perseguían el sueño americano. Iban cubiertos de costales de arena, que apenas y los dejaban respirar. Pero era la única opción para no ser descubiertos por los agentes de migración.

—Durante los primeros días pasaron más hambre que la que vivían en su propio país, luego les dieron trabajo y un cuartucho para dormir en un viñedo en las afueras de San Diego. Mi abuelo no bebía alcohol, pero tenía otras disfunciones igual o más graves que el propio alcoholismo. Era neurótico hasta más no poder y además adicto al juego.

—Mi papá tenía que estar de pie a las cuatro de la mañana, si no quería ser despertado a jalones e insultos. Su único descanso durante el día era para comer algo rápido y la jornada terminaba hasta que el sol empezara a dormir. Luego venía la hora de las apuestas, mi abuelo y otros ilegales se encerraban en otro cuarto a jugar baraja, hasta que una tarde, los gritos habituales que se escuchaban desde ese remedo de casino, excedieron de lo normal.

—Mi abuelo le estaba reclamando violentamente a su compañero de juego que estaba haciendo trampa, y se le fue encima a golpes, sin siquiera sospechar lo que le esperaba.

—Mi padre, siendo apenas un niño, fue testigo tras una ventana de la puñalada letal que mató a mi abuelo. Se quedó solo en aquel país, tenía 11 años. Sobrevivió como pudo hasta que al fin fue deportado varios meses después.

—No le quedó otra que asumir por completo el papel de

adulto y seguir trabajando como campesino para ayudar a mantener la casa. Pero, ¿cuánto dinero podía llevar a casa un niño de esa edad? Así que mi abuela comenzó a salir por las noches y a regresar por las mañanas para ganar con su cuerpo el sustento de sus hijos, hasta que un día se embarazó de mi tío Carlos. ¡Dicen que es hijo de un mariachi porque canta muy bien! —Bromeó Julio nuevamente.

—Esta historia que mi padre contaba en pausas durante sus borracheras, nunca me tocó el corazón, hasta que fui yo mismo a pedirle que me la relatara completa, cuando ya estaba desahuciado en la cama de un hospital.

—Para ese entonces, yo ya tenía un par de años asistiendo a mis reuniones de Al—Anon. Y por primera vez en toda mi vida, me permití sentir compasión y amor por ese hombre que me dio la oportunidad de existir y que, a su manera, me enseñó también cosas buenas de la vida. ¡Gracias a él soy amante de la buena música y la literatura!

—En sus episodios de sobriedad, le gustaba cultivarse y aprender, a pesar de haber cursado sólo la mitad de la primaria. También me heredó el amor por la naturaleza y por los animales. Y, aunque te parezca absurdo, agradezco a su alcoholismo porque me dio la oportunidad de entrar a un programa de recuperación que no sólo me ayudó a superar el daño que esta enfermedad nos causó a mí y a mi familia, sino que, además, me ha dado herramientas valiosas para enfrentar valiente y optimista muchas otras situaciones difíciles.

—Logré perdonar a mis padres, a la vida y a mí mismo. Gracias a todo lo vivido y lo aprendido, hoy me gusta la persona que soy, me siento cómodo bajo mi propia piel, vivo la vida intensamente y ya no tengo problemas con nadie.

—Me encanta haber logrado desprenderme emocionalmente y con amor de toda mi familia y de toda la gente en general. ¡Hoy vivo, y dejo vivir Adrián! Sé poner límites sanos en todas mis relaciones y respeto la manera en que cada quien decide conducirse.

—Y algo más, aprendí a no juzgar a nadie. Ahora sé que cada ser humano tiene razones suficientes para ser como es. Ahora mismo entiendo tus razones para actuar como lo haces. No puedo pedirte que sientas los mejores y más nobles sentimientos por tu padre después de todo lo que has pasado, tan sólo porque un desconocido te vino a compartir su historia. Sería ilógico, es como pedirte que corrieras una carrera de treinta kilómetros después de que un tren te pasó por encima.

—¡Yo nada más te pido que levantes un dedo para pedir ayuda para comenzar a recuperarte de los estragos de ser hijo de un alcohólico. Si yo pude, tú también. Considera darle una oportunidad a tu padre, no por él, sino por ti. Aferrarse al odio y al resentimiento es algo tan estúpido, como tomarse un veneno esperando que le haga efecto a otro. Estoy seguro que tú eres mucho más inteligente que esto. Y, piensa que puedes vivir huyendo de todo y de todos, pero nunca de ti mismo. —Concluyó Julio, avisándole que nuestro vuelo partiría de regreso a Guadalajara la mañana siguiente y, luego de estrecharle la mano amigablemente, se fue.

En menos de una hora, mi sobrino dio las gracias al dueño de la cafetería y recogió sus pocas pertenencias para ir a buscarme.

Capítulo V

Aprendiendo a bailar

Mis sobrinas estaban felices por el retorno de su hermano, aunque no lo demostraron abiertamente, excepto Nicole. Una vez que lo vio entrar, se le colgó del cuello y le advirtió que si volvía a irse le decomisaría todos sus juegos de video y se los daría a Chepe para jugar.

En la primera oportunidad que tuve, llamé a la clínica para informarme de cómo iba el proceso de mi hermano. Me dijeron que estaba pasando por un periodo terrible de ansiedad, pero que eso era normal. Dentro de diez días sería autorizada la primera visita familiar. Sin embargo, antes tendríamos que entrevistarnos con una de las terapeutas de la clínica.

El jefe de mi hermano le tenía mucho aprecio y era un hombre bondadoso. Abiertamente le expliqué la situación de Gabriel y me hizo saber que no nos desampararía durante la estancia de mi hermano en la clínica.

Pese a los atrasos de mi trabajo la editorial me envió un cheque por los capítulos entregados. Así que los asuntos económicos no estaban siendo motivo de agobio para fortuna de todos.

—¡Tía!, quiero ir a ver a Beto. —Me interrumpió Adrián, mientras intentaba avanzar con mis traducciones.

—¡Claro! —Asentí—. ¿Quieres que te lleve?

Atrapados en el tráfico, Adrián me contó de los problemas que tuvo con Ruperto. Un día no soportó más la presión y aceptó probar la cocaína. La consecuencia fue sumamente desagradable para él y, cansado de las burlas y las humillaciones por parte de sus expertos compañeros cocainómanos, decidió alejarse de ellos.

¡Eso fue lo que me contó!, pero estoy segura de que hubo más razones. ¡Sólo Dios sabe cuántas cosas horribles presenció en esos días! Lo cierto es que ese viaje fue un antes y un después en la vida de Adrián.

Beto y su familia nos recibieron con los brazos abiertos. Y, mientras los muchachos salieron a dar una vuelta, Rita y yo platicamos largo y tendido sobre los últimos acontecimientos. Desde mi amistad con Julio, hasta la estancia de Gabriel en la clínica de recuperación.

Rita me entregó una lista de direcciones y horarios de algunos grupos de Al—Anon en la ciudad y me sugirió asistir cuanto antes a mi primera reunión.

—Julio ha estado insistiendo también. —Le dije con cara de niña regañada.

—¡Estas enamorada de él! ¿Verdad? —Me cuestionó Rita, por no decir que afirmó.

Me puse muy nerviosa y mi primer impulso fue negarlo, pero esa era mi oportunidad para contarle a alguien lo que me estaba pasando. Así que sonrojada le contesté que todo indicaba que sí.

Rita sonrió emocionada y aseguró que haríamos una hermosa pareja. Ella no sostenía una relación cercana con Julio, pero durante años asistió a sus conferencias y lo admiraba profundamente por su forma extraordinaria de vivir el programa de Al—Anon, y su habilidad para transmitirlo a otros.

—¡A ver Rita, espérame!, ¡una cosa es que yo esté enamorada de él, y otra muy distinta es que él lo esté de mí! En realidad sólo somos amigos. ¡Él se ha portado increíble conmigo y mis sobrinos!, pero supongo que es así con todo el mundo.

—¿Tú crees? —Dijo mirándome muy sugestivamente—. ¿Por qué no se lo preguntas?

—¡Claro que no!

Adrián quiso quedarse a dormir en casa de Beto y durante todo el camino repasé las palabras de Rita. Así como alguna vez repasé las de mi amiga Lucía, respecto a mi relación con Álvaro. Pero ahora, todo era diferente. Mi corazón latía fuerte y las manos me sudaban de tan sólo considerar que Julio y yo pudiéramos llegar a transformar nuestra amistad en algo más.

Entonces recordé el paseo que dimos por las calles del centro semanas antes. Él había mencionado que no había podido sacar mi mirada de su mente, desde que me vio por vez primera.

¡Sentí un vuelco abrupto en el estómago!, pero mi razón me puso bajo control, convenciéndome de que ese comentario era irrelevante.

Estacioné el bocho y vi que las luces de la casa de Julio estaban encendidas. Y en un impulso toqué a su puerta, percatándome del sonido de una melodía.

Quería agradecerle por la intervención que tuvo en el regreso de Adrián y disculparme por no haberlo hecho antes. Por demás nerviosa, toqué más fuerte porque el volumen de la música estaba muy alto. ¿Y si estaba acompañado? ¿Y si soy inoportuna?, pensé a punto de dar un paso atrás. Entonces abrió la puerta, y en vez de ser saludada de la manera habitual, vi su mano extendida que, una vez que tomé, me atrajo hacia él. Y sin decir una palabra, me incitó a bailar un tango.

—¿Qué haces? —Le pregunté tímidamente.

—¡Bailando una hermosa pieza con una hermosa dama! —Respondió.

—Pero yo no sé bailar tango.

—Yo no estoy tan seguro de eso. —Dijo inclinando mi cuerpo hacia atrás.

—¡En verdad es una pieza hermosa! —Comenté, sintiendo un calor excitante que me recorría de punta a punta.

—"Por una cabeza", ¡así se llama! Es mi tango favorito.

Sonreí de nuevo, entregándome a la sensualidad y la pasión que despertó aquel tango y la cercanía de nuestros cuerpos.

El deseo de llegar más lejos era inevitable para ambos, pero estábamos disfrutando tanto ese momento, que no queríamos que terminara nunca.

Los ojos de Julio me miraban con un brillo capaz de opacar todos mis miedos. ¡Estábamos tan cerca!, que nuestros alientos se convirtieron en el único aire respirable y nuestras manos, ya entrelazadas, se aferraron aún más la una a la otra.

¡Por primera vez en mi vida estaba reflejándome en la mirada de un hombre!, y permitiendo sin prejuicios que afloraran todos mis instintos de mujer.

El momento tan esperado sobrevino. Julio dio el primer paso y yo, simplemente, cerré los ojos y abrí el corazón al contacto de sus labios. Aquel beso que inició como una suave comparsa, se intensificó poco a poco hasta rebasar todos los límites.

Lentamente y sin interrumpir la fusión de nuestras bocas, caminamos en dirección a su alcoba. Una lámpara pequeña era toda la iluminación que había y, sin un ápice de duda, nos despojamos de todo lo que no fuera nuestra propia piel.

No quedó un centímetro de mí que no fuera acariciado por sus manos, y luego de una breve pausa, fundimos cuerpo y alma sin reservas.

Mi mente no podía pensar en otra cosa que no fuera el amor que sentía por él. Todos mis sentidos disfrutaron aquel encuentro al cien por ciento. De pronto, una maravillosa y desconocida explosión de sensaciones estalló en el centro de mi cuerpo, seguida por la de él.

Exhaustos por tanta dicha, permanecimos entrelazados y en silencio hasta que Julio lo rompió diciendo:

—¡Te amo Marian!

—¡Te amo, Julio!

Entré en la casa, casi de puntillas para no despertar a nadie. Pero Valeria salió a mi encuentro inesperadamente del interior de la cocina.

—¡Me asustaste! —Exclamé inhalando muy hondo.

—¿Dónde te metiste? El bocho está en la cochera ¿y tú...? ¿Estabas con Julio? —Preguntó entrecerrando los ojos y abriendo su boca—. ¿Hasta la una de la mañana?

Asentí cubriéndome la sonrisa con las manos. Abracé a mi sobrina emocionada, apenas y la dejé respirar.

—¡Estoy enamorada Val! ¡Julio es el hombre que esperé toda mi vida!, aun sin saberlo. —La jalé para sentarla junto a mí. Y retomando aquella conversación que tuvimos tiempo atrás sobre sexualidad, le dije convencida:

—¡Tener sexo no es malo muñeca!, pero... ¡hacer el amor es maravilloso! Deseo con todo mi corazón que algún día te sientas tan plena y tan feliz como me siento yo en este momento.

Valeria me miró conmovida y una lágrima resbaló por su carita de niña, sin que pudiera evitarlo.

Las experiencias sexuales que vivió tan prematuramente

y además sin amor, la hacían sentir más vacía y sola de lo que quería aceptar. Esa fue la única, pero también la mejor recomendación que pude darle a mi sobrina sobre sexualidad humana.

Capítulo VI

Mi pasado explicó mi presente

Apenas desperté, me descubrí sonriendo. Estiré los brazos y mire en dirección al contorno iluminado de mi ventana. Agradecí a Dios como nunca antes el don de la vida.

Era domingo y las chicas ya me estaban esperando con un gran desayuno en la mesa. Adrián y Beto llegaron en seguida y desayunaron con nosotras. De pronto tocaron a la puerta y Nicole se ofreció a abrir.

—¿Qué es esto? —La escuchamos gritar.

Todos corrimos a la puerta alarmados y nos encontramos con un enorme arreglo floral que Julio había enviado.

—La señorita ¿Marian Toledo? —Preguntó el mensajero.

Los chiflidos y las bromas no se hicieron esperar, especialmente los de Adrián y Nicole que eran los más eufóricos de la casa.

—¡Ya son novios! ¡Ya son novios! —Gritaban al unísono, aturdiéndome.

La tarjeta que se escondía entre los botones de aquellas hermosas rosas rojas, decía:

"He sido bendecido con muchas cosas en la vida, pero encontrarte en mi camino ha sido la más hermosa de todas... ¡te amo!".

Como estaba clavada en aquel pedazo de papel, no me percaté de que la puerta se había quedado abierta y cuando alcé la vista, Julio estaba parado frente a mí, iluminando todo mi mundo con la sonrisa y la mirada más enamorada que jamás haya visto en algún hombre.

Nos abrazamos frente a todos los presentes que no dejaban de aplaudir y manifestarse contentos por nuestra relación.

Julio viajaba una o dos veces por semana para seguir compartiendo el mensaje de Al—Anon por distintas ciudades. Su economía era lo suficientemente sólida y podía darse el lujo de hacerlo sin mermar sus finanzas pues consideraba prioritario pagar la deuda que tenía con la vida, transmitiendo esperanza y fe a los familiares de alcohólicos que acudían a sus conferencias.

Pero aun cuando se encontraba fuera de la ciudad, nos manteníamos en contacto diario.

Una tarde, mientras ayudaba a Nicole con su tarea, mi madre me sorprendió con una llamada. Desde que se fue de la casa de Gabriel no había querido contestarme el teléfono en represalia por mi ruptura con Álvaro.

Se escuchaba deprimida y, casi llorando, me pidió que regresara a México.

—¿No pensarás dejar a tu madre sola en Navidad? —Me cuestionó temerosa de mi respuesta.

Entonces tuve que contarle lo que estaba pasando con Gabriel y mi imposibilidad de dejar solos a los muchachos en esa fecha con ambos padres ausentes.

Pese a su enorme soberbia, no pudo evitar preguntar sobre el estado en que se encontraba su hijo. Y me dejó atónita al decirme que en todo caso, ella viajaría a Guadalajara para celebrar con nosotros las fiestas navideñas.

La noticia no pareció entusiasmar mucho a sus nietos, pero igual disimularon su descontento por consideración a mí ¡supongo!

Mi primera visita a un grupo de Al—Anon fue un 17 de diciembre. Perfectamente lo recuerdo porque cada año celebro esa fecha con igual o mayor importancia que mi propio cumpleaños debido al renacimiento espiritual y emocional que significó en mi vida.

Tomé asiento en la silla que amablemente me indicó una joven risueña y permanecí escuchando atenta las experiencias de varias personas.

Me impresionó la enorme identificación que sentí con cada una de ellas. Era como si hubieran plagiado mi historia y se la estuvieran adjudicando.

Una chica, de aproximadamente 20 años, tocó las fibras más sensibles de mi corazón cuando verbalizó un sentimiento que yo nunca pude definir en mi niñez.

—Los niños en una familia alcohólica estorbamos. —Dijo convencida, pero sin un rastro de conmiseración en su voz—. Mi madre siempre estaba en casa, pero sólo con su cuerpo. En realidad su mente y su espíritu estaban a una enorme distancia de mis necesidades de afecto y atención.

—Nunca nos descuidó en la alimentación, ni en la higiene, pero estaba demasiado ocupada en la búsqueda de la sobriedad de mi papá como para atender los sentimientos de sus hijos.

—Siempre me recibió con un beso cuando llegaba del colegio y un plato de sopa caliente, pero cuando comenzaba a platicarle los acontecimientos del día, con la frescura propia de la edad, ella fingía escucharme por instantes pero luego de unos minutos me callaba notablemente molesta.

117

—¡Hablas mucho niña! —Decía—. Yo tengo varias cosas importantes en qué pensar y me aturdes.

—En menos de una hora pasaba de un beso a una agresión. Era tan confuso para mí ese doble mensaje de "te quiero, pero vete" que, aunque ahora entiendo la enfermedad emocional de mis padres y los he perdonado de corazón, me resulta difícil cambiar ese archivo en mi memoria e, inconscientemente, busco relacionarme con parejas que siempre terminan haciéndome sentir igual de confundida.

—Por un lado me demuestran afecto e interés, pero, por otro, me abandonan emocionalmente como lo hacían mis padres. De una u otra manera aún no logro dejar de atraer estas relaciones en mi vida, ¡pero sigo luchando compañeros! —Concluyó antes de abandonar la tribuna.

Eso mismo sentía yo en mi niñez. Mamá y papá estaban siempre fuera de casa. Crecí educada por la señora que nos ayudaba en el aseo. Y, los pocos momentos en que estaban presentes, se mostraban siempre indispuestos para mí. Si no había visitas discutían por dinero o por el aliento alcohólico de mi papá o mi madre padecía algún ataque terrible de jaqueca y nadie podía hacer el más mínimo ruido.

La diferencia de sexo y de edad entre mi único hermano y yo era de varios años, por lo tanto, no compartíamos ningún interés en común. Tuve muchas muñecas y muchas comodidades, pero nada compensó la soledad y la tristeza de mi niñez.

Y hasta la llegada de Julio, mis relaciones sentimentales siempre habían sido un fracaso. Escuchar a esa chica me hizo comprender mejor la causa.

Tenía que trabajar muy duro en mi recuperación emocional. Ya no quería sabotear otra relación más. Por mí misma debía cambiar ese doble mensaje almacenado en mi inconsciente, de…"te quiero, pero vete".

Asistí tantas veces como pude a mis reuniones. Leí con avidez la literatura que el programa recomendaba y me preparé lo más que pude antes de la llegada de mi madre. Anhelaba comenzar a relacionarme con ella de una manera más sana. Entre otras cosas, implicaba empezar a establecer los límites que nunca supe ponerle en lo referente a mi persona y mis decisiones en la vida. Me parecía tan difícil porque, además, debía hacerlo con amor, según lo sugería el programa de doce pasos y yo aún guardaba muchos resentimientos.

Julio me recordaba que todo en la vida es un proceso y mi recuperación no era la excepción.

—¡No puedes brincarte de la "A" a la "Z"! —Me decía—. No te desesperes por no lograr cambios tan rápido como quisieras. Sé paciente contigo misma y, por ningún motivo, dejes de asistir a tus reuniones.

Por último, me sugirió lo mismo que a Adrián acerca de pegar los pocos o muchos fragmentos de historia que conocía del pasado de mi madre para poder comprender mejor el origen de su neurosis.

Mamá era una mujer que siempre creía tener la razón. Era dominante y manipuladora, propiciaba discusiones y líos para luego instalarse en su papel favorito: el de víctima.

Antes de saber que esa actitud era una enfermedad emocional llamada "neurosis" y que era uno de los muchos efectos que vivir con un alcohólico le había originado, yo, auténticamente, me sentía en una rueda de la fortuna continuamente desde que era una criatura.

La admiraba por ese don de gentes que tenía en su juventud pero, a la vez, la odiaba por el abandono y la agresividad que nos daba a los de su casa.

La compadecía por la vergüenza que su esposo borracho la hacía pasar a menudo en las reuniones sociales, pero tampoco podía justificarla por la crueldad excesiva con la que lo trataba de regreso a casa.

En algún punto de mi adolescencia me abofeteó furiosa porque se le metió en la cabeza que yo estaba teniendo relaciones sexuales con un noviecito que tuve en aquel entonces, tan sólo por que regresé a casa quince minutos más tarde de lo acordado.

Lloré amargamente encerrada en mi recámara durante horas, me mordía los labios para no gritarle. ¡Cuánto la odiaba por ser tan injusta y tan egoísta! ¡Todo tenía que girar a su alrededor! ¡Todos teníamos que respetarla!, pero ella jamás supo demostrarnos a nosotros ni una milésima de ese respeto. Se metía en todos nuestros asuntos, leía mis diarios y esculcaba los cajones de Gabriel a escondidas. Al más mínimo error nos insultaba y desquitó durante años la insatisfacción de su vida con mi hermano y conmigo.

—¡Es por ustedes que he soportado el infierno de vivir con su padre! Y ustedes son unos mal agradecidos. —Vociferaba con frecuencia si llegábamos a contradecirla en algo.

Al día siguiente del bofetón, se apareció muy temprano en mi habitación para darme los buenos días sonrientes. Como si nada hubiera pasado unas horas antes.

—¡Te quiero mucho hija! —Dijo cálidamente, mientras me rodeaba con sus brazos.

Yo sentía que me quemaba por dentro, pero no me atreví a rechazarla. Luego venía la culpa por ese sentimiento de odio y desprecio que tenía hacia ella. Me sentía la peor de las hijas y, ¿si yo estoy mal y ella bien? Terminaba enredada entre tanta incongruencia. Tenía mil preguntas y ninguna respuesta. Vivir así era auténticamente un estado de locura.

Entre besos y música ambiental, Julio y yo poníamos la

mesa para la celebración de Navidad. Los muchachos se ofrecieron a ir por su abuela al aeropuerto, mientras nosotros terminábamos los pormenores de la cena.

El hermano de Julio viajó a Canadá para pasar la Navidad con Cecilia y Julio optó por quedarse conmigo. Yo no se lo pedí, pero estaba feliz por su compañía. Aunque también un poco inquieta por la reacción de mi madre al enterarse de mi nueva relación. Temía algún desaire de su parte hacia Julio.

Creía conocerla muy bien, pero esa noche rebasó límites inimaginables. Llegó a casa acompañada nuevamente de Álvaro. Mis sobrinos estaban angustiados por la situación e intentaron advertirme con una llamada, pero nunca escuché el timbre del teléfono por el volumen de la música.

—¡Hijita!, ¡mira nada más el regalo que te traje! —Anunció orgullosa, señalando al cínico de Álvaro.

Giré mi cabeza en dirección a Julio, con la expresión desencajada, a lo que él respondió guiñándome un ojo sin un rastro de desequilibrio.

¡No sabía cómo reaccionar! ¡Estaba furiosa e indignada!, pero a la vez paralizada por la situación.

Nicole rompió el silencio, tomó la mano de Julio y lo presentó airosa a su abuela como el novio de su tía Marian.

Ese hombre extraordinario no perdió la compostura ni la seguridad por un sólo instante y, pese a las miradas fulminantes de Álvaro y mi madre, sonrió amable y extendió su mano a ambos en señal de cortesía.

Por supuesto que Julio sabía que ese tipo era mi exnovio sin que nadie tuviera que aclarárselo. Y lejos de mostrar molestia, inmediatamente les ofreció algo de tomar en señal de bienvenida. Ahora ellos eran los sorprendidos.

¡Al fin sonreí!, entendí el mensaje que Julio me estaba enviando y, divertida, entré a participar en el juego.

Ante las miradas desconcertadas de mis sobrinos, que no tardaron mucho en unirse a la estrategia inteligente contra el enemigo, uno a uno fuimos reuniéndonos en la cocina con el pretexto de revisar la cena y traer alguna botana a los invitados.

Una vez que estuvimos todos reunidos, Julio nos miró sonrientes a todos y se limitó a decir:

—Tenemos dos opciones: Una, es armar un escándalo y arruinarnos esta noche. Dos, es no entregar el poder de robar nuestra armonía y nuestra tranquilidad a nadie y pasar una linda Navidad. Y, como sé que todos aquí somos muy inteligentes, creo que optaremos por la segunda. —Sugirió, pasándole la charola de bocadillos a Bianca que, azorada, lo cuestionó:

—¿Estás hablando en serio? ¡Este tipo viene por tu novia!, ¿no te molesta?

—¡En lo absoluto! —Exclamó Julio tomándome por la cintura—. Él puede hacer lo que guste y Marian también, sólo que después de probar este biscocho —dijo llevándose la mano al pecho— ¡no creo que lo cambie tan fácil! —Bromeó besándome en la mejilla.

Regresamos a la sala para invitar a los recién llegados a pasar a la mesa. Servimos una exquisita cena y nos dedicamos a disfrutarla tal como lo sugirió Julio. Sin tomar en cuenta las caras disgustadas de mi mamá y de Álvaro. La noche transcurrió tranquila y luego de un rato, mis sobrinos comenzaron a dar las buenas noches.

Nos quedamos los cuatro solos y Álvaro, que no pudo soportar más la felicidad que irradiaba mi rostro, irrumpió sarcástico:

—¡Que pronto me remplazaste Marian! —Dijo intentando salpicar al fin su veneno.

Respiré hondo y respondí serenamente:

—¡Aprovecho tu comentario para darte las gracias Álvaro!, pues de no haber sido por nuestra ruptura, Julio y yo no tendríamos la dicha de estar juntos ahora. —Sonreí mirando a mi amado y tomando su mano—. Fuiste bienvenido en esta cena por ser el invitado de mi madre, pero nada más. —Continúe diplomáticamente—. Así que te pido encarecidamente que no vuelvas a evocar situaciones del pasado con tus comentarios por respeto a mí, a mi pareja y especialmente por respeto a ti mismo.

—¡Esto es humillante doña Martha! ¡Yo no tengo por qué soportar esto! —Dijo levantándose de su silla fuera de control.

—¡Álvaro espera! —Le ordenó mi madre.

—¡Marian y tú tienen que hablar! ¡A eso viniste! Y, ¡perdóneme Julián, Jaime... o como se llame!, pero mi hija y Álvaro tienen una relación de muchos años que se ha visto momentáneamente interrumpida por malentendidos. Y, de seguro usted es uno más de esos malentendidos. Mi hija no puede haberse olvidado de su "casi esposo" en tan poco tiempo. Así que usted es quien está de sobra en esta mesa. Le pido por favor que se retire.

En ese momento perdí toda intención de cordura y como volcán en erupción, detuve la sarta de tonterías que estaba diciendo mi madre.

—¡Basta mamá! Si tanto quieres a Álvaro ¿por qué demonios no te casas tú con él? Y a mí me dejas en paz. No tienes ningún derecho de venir a disponer nada en esta casa, ni en mi relación con Julio, ni en mi vida. Ya no soy la niña estúpida que siempre manejaste a tu antojo. Soy una mujer adulta por si no lo has notado.

Tenía tantas cosas que decirle y tanto hartazgo de sus imprudencias y su control que hubiera podido continuar gritando el resto de la noche, pero ella también perdió los estribos y se levantó iracunda para tratar de callarme con una bofetada. Y, por primera vez, en mis casi 30 años, le sostuve la mano en el aire; y con la mirada encendida, anuncié:

—¡Ni un golpe más mamá!, te amo profundamente por ser mi madre, pero el que me hayas dado la vida, no te faculta para destruírmela.

Estupefacta ante mi reacción, no le quedó más remedio que retroceder un paso atrás sin hablar.

Tomé a Julio de la mano y salimos de ahí, pero no sin antes terminar de vomitar sobre Álvaro la indigestión emocional que me quedaba.

—La próxima vez, así vengas con el presidente de la república, no entras ni en esta casa, ni en mi vida. ¿Te quedó claro?

Me derrumbé temblorosa sobre el *poof* del estudio de Julio. Él se limitó a abrazarme y a escuchar los sentimientos encontrados que, sin mayor ilación, brotaban de mis recuerdos más grises y de lo que acababa de suceder.

—Sé que hice bien en ponerle al fin un límite a mi madre Julio, pero no lo pude hacer con amor; como me lo indica el programa. —Le dije angustiada.

—¡Algún día podrás mi amor!, por el momento deja de juzgarte, por favor. ¡Acabas de dar un paso enorme de recuperación!

Lo miré confundida.

—Para las personas controladoras que siempre estamos protestando y entrometiéndonos en la vida de los demás, es un logro el día que dominamos nuestra boca y podemos quedarnos callados. En cambio, para las personas que siempre callan y permiten abusos, es un avance inmenso el día en que hablan para defenderse e, incluso, el día en que gritan. ¡Este es un buen principio Marian! Si sigues adelante en tu proceso de recuperación personal, irás logrando cada vez más un equilibrio adecuado entre tus emociones y tu forma de transmitirlas, pero dale tiempo al tiempo.

Era la primera vez que escuchaba algo así. Siempre reprobé los gritos y los enfrentamientos y, aún más entre padres e hijos, pero las palabras de Julio tenían mucha lógica.

El programa de Al—Anon promueve la sanación emocional y espiritual de sus miembros, pero nadie dijo que el proceso sería sencillo y sin dolor.

Quienes llegamos ahí, devastados por la convivencia con un alcohólico, neurótico o cualquier otra disfunción, hemos perdido, entre muchas cosas más, la identidad propia y el respeto por nosotros mismos.

Quizá reaccioné inadecuadamente ante la actitud de mi madre. Pero, al menos, fui yo misma por una vez en toda mi vida y estaba aprendiendo a exigir un respeto que nunca antes me había dado.

Antes de regresar a casa de Gabriel, Julio me entregó una cajita envuelta en un aterciopelado moño rojo.

—¡Feliz Navidad! —Dijo emocionado.

Era una cadena dorada, por la que bailaba una hermosa luciérnaga de oro con una circonia brillante que representaba su luz.

—¡Está hermosa Julio! —Agradecí mientras él me la colgaba al cuello.

—¡Las luciérnagas significan muchas cosas para mí! —Me explicó—. Son la luz que un día, hace muchos, recibí en medio de tanta oscuridad. Son la esperanza que yo pretendo transmitir a quienes quieren escucharme. Son el brillo de tus ojos y el destello resplandeciente que tu amor le ha dado a mi corazón y que tanto me faltaba para completar mi plenitud como hombre y como ser humano.

—¡Tú también eres mi luciérnaga! —Respondí con otro abrazo y un beso tierno que, al instante, se tornó apasionado e intenso.

Hicimos el amor con la misma entrega de la primera vez, pero con menos nerviosismo. También en el ámbito de la intimidad, parecía que nos conocíamos de toda la vida. Sin saberlo, Julio estaba curando las heridas de mi sexualidad la cual nunca disfruté por la sensación de culpa y vergüenza que pesaba sobre mi conciencia. Por la tonelada de prejuicios y por la manipulación de mi pareja anterior.

Una vez que nuestro ritual concluyó, recostada entre sus brazos, me atreví a preguntar cautelosa sobre las razones de su divorcio. Nunca habíamos hablado de ese tema y sentía curiosidad.

—¡Digamos que un día aprendí a amarme lo suficiente como para seguir permitiendo vivir situaciones inaceptables! —Contestó tranquilo.

—Marcela era adicta al trabajo. Es una abogada prominente y sumamente ambiciosa, pero sufre de autoestima desviada.

—¿Autoestima qué?

—Desviada, es cuando tu valía como persona se basa en la marca del vehículo que te transporta o la ropa que te viste. Para ella era más importante saber el apellido de una persona, que lo que era en sí misma. Su termómetro de bienestar era la suma de su cuenta bancaria y, al menos dos o tres apariciones por mes en la sección de sociales de los periódicos más importantes de Guadalajara.

—Trabajaba desde que abría los ojos, hasta que los cerraba. Y el raro día que me concedía su compañía un par de horas, su celular nos interrumpía cada diez minutos. Con los años llegué a acostumbrarme tanto a comer sin ella, a asistir al teatro o al cine solo, a no verla incluso en mis cumpleaños o mis eventos importantes, que una mañana desperté y me di cuenta de que ya no tenía nada en común con esa mujer que dormía a mi lado. Nuestros intereses eran totalmente distintos en la vida y yo merecía cuanto era capaz de dar. El programa me dio el valor y la claridad para poder tomar esa decisión, y me fue de gran ayuda en todo el proceso de duelo. ¡Los doce pasos son un programa de vida Marian!, son aplicables a cualquier situación y créeme que lo he comprobado muchas veces. —Suspiró convencido, luego de apretarme más fuerte contra su cuerpo.

En el fondo me sentía temerosa por la actitud que tomaría mi mamá después de lo acontecido la noche anterior pero, para mi sorpresa, la encontré serena y hasta condescendiente conmigo. Preparó el desayuno para todos y traviesa juagueteó un rato con Chepe y Nicole.

¡Sí que los límites funcionan!, pensé mientras la observaba. Me tardé muchos años en atreverme a hacerlo dominada por el miedo a la desaprobación o el rechazo de otros. Pero una vez que lo hice, me di cuenta de la eficacia. Doña Martha nunca más intentó ponerme una mano encima y el tema de Álvaro quedó clausurado definitivamente.

Uno a uno fuimos citados por la terapeuta de la clínica donde se encontraba Gabriel.

Isabel Camacho era una mujer de edad madura, alta y corpulenta. Supongo que Dios la creó así, en combinación perfecta con el tamaño de su corazón y su enorme sabiduría.

Todos en la casa, incluida mi madre que, afortunadamente se mostró interesada al fin en la situación de su hijo, decidieron que yo sería la primera entrevistada. ¡Más por miedo, que por cortesía!, supongo.

Una señorita muy sonriente me acompañó hasta la oficina de Isabel.

—La doctora, viene en seguida. —Comentó antes de salir.

Aquel lugar era muy acogedor, todo lo contrario a lo que imaginé. No había escritorio, ni computadora, ni un diván de manicomio, como suele verse en las películas. El ambiente estaba impregnado por un aroma delicado de incienso. Los únicos muebles eran dos sillones amplios y confortables color camello, con una pequeña mesa de centro, que también hacía las veces de una hermosa pecera.

Mientas esperaba, observé los enormes pergaminos enmarcados de los doce pasos de Alcohólicos Anónimos, que eran casi iguales a los que practica el programa de Al—Anon.

Afortunadamente, ya me sentía familiarizada con esos conceptos, pero entonces vi un pequeño cuadro que me conmovió hasta lo más hondo del ser. Y, si no es por la llegada de Isabel, hubiera llorado en ese momento.

Era la imagen de un Poder Superior representado por Jesús, sosteniendo a un borracho desfalleciendo entre sus brazos. Lo que más me sensibilizó fue la mirada enternecedora y dolida de ese Dios amoroso hacia su hijo convertido en una piltrafa.

—¡Buenas tardes! —Saludó efusiva Isabel que, al darse cuenta de la humedad de mis ojos clavados en aquella imagen, sugirió:

—¡Ponle tu rostro!

—¿Perdón?

—Ponle tu rostro y tu cuerpo desfallecido a ese Poder Superior entre las manos. ¡Será un buen inicio!, hasta que puedas llegar a ponerle también tu vida y tu voluntad por completo.

Sonreí apenas, inhalando con fuerza y mirando al techo para espantar las ganas de llorar.

—Tengo entendido que tú eres Marian y Gabriel es tu hermano.

Asentí, tomando asiento frente a ella.

—¿Cómo está mi hermano?

—¿Cómo estás tú Marian?

—¡Supongo que bien!

—¿Supones?

Entonces le conté los motivos por los que llegué a vivir en casa de mi hermano. Las condiciones en que encontré a cada uno de sus hijos y de la noche traumática en que Gabriel estuvo a punto de morir por la congestión alcohólica.

—¡Nicole es quien más me preocupa por la edad en la que está!, y ¡Bianca que vive ensimismada! y...

—¡Quiero saber de ti Marian!, de tus sobrinos sabré en su momento ¡y por ellos mismos! —Me interrumpió de golpe, cálida, pero enérgica a la vez.

—¡Te estoy contando de mi vida en los últimos meses! —Contesté a la defensiva ante su comentario.

—¡No!, llevas media hora hablándome de tu hermano y su familia, pero en ningún momento me has hablado de ti.

—¿Cuáles son tus proyectos personales de vida por ejemplo? Porque, ¡en cuanto tu hermano se recupere, te vas a quedar sin chamba!, ¿lo habías pensado? Ya no tendrás que sentirte responsable de cuidar a nadie.

Me quedé muda ante tal confrontación. La verdad es que no lo había pensado, pero era real. Esos muchachos no eran mis hijos y yo no podría vivir eternamente en casa de mi hermano. ¡Pensar en regresar a México con mi madre no me entusiasmaba en lo más mínimo! Y, mi relación con Julio era maravillosa pero muy reciente.

Me aterrorizó darme cuenta en un segundo de que no sabía lo que quería. ¡No tenía un sólo proyecto de vida personal! Mi trabajo, ¡no era algo que me apasionara como para vivir haciéndolo por el resto de mis días!

—¡No tengo! —Susurré entristecida.

—Creo que has pasado tanto tiempo rescatando a los demás, que te has olvidado de la persona más importante: ¡Tú!

Hasta ese momento me sentía perturbada y entumecida de todo mí ser, pero, cuando me incitó a hablar de mis padres, y en especial del alcoholismo de mi papá, me desmoroné por completo.

Evoqué sin proponérmelo el recuerdo de la fiesta de aniversario del tío Eduardo, el hermano mayor de mi padre.

—Fue un evento muy esperado por toda la familia. Recuerdo que llevaba puesto un vestido rosa pálido, con florecitas bordadas en las orillas del faldón y un moño enorme atado a mi cabello. La familia Toledo era muy grande y muy alegre. Sus fiestas siempre se caracterizaban por la buena comida y sobre todo por el buen vino.

—¡Todos la estaban pasando bien!, salvo mi madre y yo, porque nos preocupaba ver la manera destrampada en que mi papá empezó a beber. Por alguna razón que no recuerdo, Gabriel no nos acompañó en esa ocasión.

—Mi mamá le insistió a mi papá que ya era hora de irnos, pero él la ignoró por completo. Entonces le exigió las llaves del auto para irse aun sin él, pero mi papá no accedió a dárselas. Ella se puso furiosa y salió a buscar un taxi. Yo quise quedarme, y estaba tan alterada que no me lo impidió después de que su cuñada le ofreció hacerse cargo de mí, si veían que el estado de mi papá empeoraba.

—¡Parecía que tomaba vasos de agua en medio del desierto! —Dije con una lágrima asomando—. Yo estaba llevando la cuenta alarmada, desde antes de que mamá se fuera y nos dejara a ambos en la fiesta.

—Pretexté dolor de estómago para no seguir jugando con mis primos y me instalé al lado de papá para vigilarlo de cerca.

—¡Ya no tomes papito!, ¡vámonos a casa por favor! —Le supliqué varias veces hasta que el dulce tono de voz con que siempre me hablaba, se tornó violento e hiriente.

—¡Ya cállate niña! ¿Por qué no te fuiste con la histérica de tu madre?

—¡Para cuidarte papá! —Contesté en mi mente. Quise llorar, me dolía su agresión y la humillación que sentí frente a todos los que estaban en la mesa, pero no lo hice. Y permanecí custodiándolo fielmente.

—Cuando todos los invitados comenzaron a retirarse y la última botella se había acabado, mi padre se levantó torpe desaliñando el mantel y tirando algunos vasos vacíos que quedaban sobre la mesa.

—Mi tío Eduardo lo tomó por la cintura y acomodó el brazo de mi papá alrededor de su cuello, para ayudarlo a caminar hasta el estacionamiento.

—Mi padre tarareaba sonriente una canción mientras se tambaleaba en brazos de su hermano al que besaba cariñosamente en la mejilla hasta que se dio cuenta de que mi tío pretendía subirlo a su coche y no al nuestro. Discutieron y mi papá cambió los besos por trompadas y empujones. ¡Se puso como loco! ¡Nadie podía controlarlo! Yo corrí apresurada para subirme con él a nuestro coche, pero la esposa de mi tío Eduardo me sujetó de los hombros. ¡Me lo impidió!, ¡la odié tanto! —Hice una pausa en el relato con los puños comprimidos.

Estaba ahogada en el dolor de aquel recuerdo y gemía abiertamente, pero aun así continué...

—¡Papito! —Grité mil veces desesperada, tratando de zafarme inútilmente de las manos de mi tía, y viendo como se alejaba rechinando las llantas de su auto negro a toda velocidad.

—¡Se va a matar! —Grité antes de escurrírmele como agua entre las manos a mi tía, vencida ante mi impotencia.

—¡Yo lo tenía que cuidar! —Les decía a los adultos que, a pesar de verse tan grandes desde mi postura y mis siete años, no habían podido detener a mi papá.

Terminé de hablar, pero seguía sollozando. Luego de un minuto, Isabel se sentó junto a mí.

—Tú no eras responsable de cuidar a tu papá, ni lo eres ahora de tu hermano y tus sobrinos Marian. Sólo eres responsable de ti. —Dijo envolviéndome por la espalda con su brazo y poniendo otro pañuelo en mi mano.

—¿Te das cuenta de eso? ¿Te das cuenta que desde niña estás cuidando de otros y no de ti? Es comprensible Marian, el alcoholismo y la neurosis de tu familia te heredaron, sin quererlo, una consecuencia muy compleja llamada "codependencia". De niña cuidabas a tu papá y luego continuaste haciéndolo con todo el mundo.

—El primero y más importante de los doce pasos que ves ahí —dijo señalando el pergamino colgado en la pared— es "la derrota". Para los alcohólicos, se refiere a su incapacidad para dejar de beber y para los codependientes, o sea los adictos al alcohólico, se refiere a nuestra imposibilidad de ayudarlos y la aceptación de lo ingobernable que se ha vuelto nuestra vida por estar inmersos en esa lucha inútil.

—¡Derrótate Marian!, ¡Dios te agradece mucho tus buenas intenciones!, pero no necesita tu ayuda para rescatar a nadie más, ¡excepto a ti! —Repitió una vez más.

Salí de ese lugar profundamente agotada, pero también con una serenidad desconocida. Desahogar el dolor y la amargura que me causaban esos recuerdos escondidos en el cajón de mi inconsciente bajo un millón de llaves, me quitaron un enorme peso de encima.

Valeria y mi mamá también fueron citadas el mismo día, en diferentes horarios.

Ninguna de las tres quisimos hablar una palabra acerca de la terapia y nos fuimos a la cama mucho más temprano de lo normal. El mismo efecto se dio entre Adrián, Bianca y Nicole al día siguiente.

La primera visita a Gabriel se dio un par de días después. Nicole corrió a su encuentro en cuanto lo ubicó entre los demás internos y convivimos tranquilamente casi un día completo.

Mamá y él se saludaron con un abrazo quisquilloso y no hablaron mucho, pero al menos no discutieron. Por un buen rato Adrián y él, estuvieron conversando a solas en una de las bancas situada dentro de los enormes jardines de la clínica.

Mentiría si dijera que lo vi feliz, pero lo que sí puedo asegurar es que su espíritu estaba rehabilitándose junto con su cuerpo.

Su semblante era bueno y nunca antes vi tanta calma en su mirada y su voz.

Algunas lágrimas nos traicionaron antes de dejarlo en ese lugar por dos semanas más, pero, al parecer, esa separación estaba valiendo la pena.

No sé sobre qué hablaron Isabel y mi madre, pero era evidente que al salir de esa terapia, muchas cosas cambiaron para ella. Sus nietos y yo pudimos disfrutarla alegre y cariñosa por unos días.

Le costó mucho admitir que Julio le agradaba, pero ante el carisma y la bondad de ese hombre, no le quedó más remedio que rendirse.

La tarde anterior a su partida de regreso a México, salimos solas a tomar un café y hablamos de mujer a mujer como jamás lo habíamos hecho.

Me contó, con el corazón en la mano, episodios dolorosos de su vida que hasta ese momento yo desconocía. Como que, aquel hombre que vagamente recordaba como a mi abuelo, en realidad era el padrastro de mi madre, y que soportó durante años sus abusos verbales e incluso sexuales, sin que mi abuela lo supiera.

Se casó con mi papá a los 16 años sin amor, pero eso era mejor que soportar las vejaciones del esposo de su madre.

Entonces entendí a qué se refería Julio cuando hablaba de recoger y pegar los fragmentos rotos de las historias de nuestros padres.

Besé con fuerza las hermosas manos blancas y tersas de esa mujer que me dio la vida y que tan duramente juzgué por tanto tiempo. Le pedí perdón a los ojos y la perdoné en silencio dentro de mi corazón. ¡Mamá no pudo dar más porque no lo tenía!

¡Yo había sido simplemente víctima de otra víctima!, en mi historia, como en todas, no existen culpables. Todos, de una u otra forma, habíamos sido lastimados por la enfermedad emocional y espiritual de otros.

A la luz de este entendimiento, comencé a sanar con mucha más rapidez las heridas más supurantes de mi pasado.

Capítulo VII

Acostumbrarse a vivir bien

El frío invernal dio paso a la llegada de la primavera. Las petunias y los rosales amarillos que tanto amaba Angélica, florecieron de nuevo en el jardín.

Habían pasado dos meses desde que Gabriel abandonó la clínica de adicciones. La lucha por mantener la sobriedad no le resultaba nada fácil y nosotros también estábamos enfrentando nuestra propia batalla para lograr adaptarnos a un nuevo estilo de convivencia con él.

Isabel nos preparó lo más que pudo para entender que el mundo no sería color de rosa una vez que Gabriel regresara a casa. Y nos explicó la difícil etapa por la que nuestro alcohólico habría de pasar por algún tiempo.

Los primeros días fueron maravillosos. Estuvieron cargados de emotividad, de abrazos y besos. De charlas profundas y sanadoras, pero luego comenzamos a notarlo irritable y áspero. Se molestaba por cualquier tontería y, arbitrariamente, empezó a interferir en la vida de todos. De la noche a la mañana quería recobrar la autoridad y el control que había perdido en aquella familia durante los muchos años de su actividad alcohólica.

Comenzó a cuestionar, insidioso, a cada uno de sus hijos sobre sus amistades, su manera de vestir, sus actividades, sus calificaciones y su vida en general.

Yo entendía su necesidad de recuperar el tiempo perdido, pero la manera en que lo estaba haciendo no me parecía la más adecuada.

A pesar de estar asistiendo formalmente a sus juntas de Alcohólicos Anónimos, la verdadera sobriedad de mi hermano llegó mucho tiempo después. Era verdad que había tapado la botella, pero la ebriedad de sus emociones nos desquició a todos ¡tanto o más que antes!, durante mucho tiempo.

Afortunadamente las terapias de Isabel ayudaron a mis sobrinos a sobrellevar mejor esta etapa. Y para mí las reuniones de Al—Anon fueron de un apoyo invaluable en medio de las llamadas "borracheras secas" de mi hermano.

Rita, que con el tiempo se convirtió en mi madrina de Al—Anon, me ayudó enormemente en la comprensión de esta etapa. Ella la había pasado con su esposo y tampoco le resultó nada fácil.

—¡Sólo se puede hablar de sobriedad cuando además de la abstinencia de alcohol, se llega a un grado de madurez emocional y espiritual! —Me decía.

Mientras todo esto sucedia, Julio me avisó que Hernaldo y Laura inaugurarían otro restaurante y que nosotros habíamos sido los elegidos para cortar el listón.

Esa fue la primera ocasión en que vi a mi novio envuelto en un elegante traje color gris oscuro. ¡Se veía tan apuesto y distinguido!, que un poco más orgullosa que de costumbre, lo tomé del brazo para entrar en la recepción.

Nuestra pareja de amigos nos recibió cariñosa y efusivamente como siempre y, luego de cumplir con el ritual propio de la inauguración, a Julio se le ocurrió comentar en medio de la cena lo buena aprendiz que resulté en sus clases improvisadas de tango. Hernaldo aprovechó la presunción para desafiarlo a que diéramos un espectáculo gaucho en frente de todos sus invitados. Julio asintió desinhibido y audaz, sin reparar en mi negativa.

En menos de cinco minutos Laura, siguiendo a su marido, se encargó de anunciarlo por el micrófono. Los aplausos expectantes del resto de los invitados y la presión de las miradas, me obligaron a consecuentar aquella locura y "Por una cabeza" empezó a sonar.

—¡Te voy a matar! —Le susurré sonriendo al oído.

—¡Pero que sea de amor! ¡Preciosa! —Me contestó pícaro mientras me conducía majestuosamente de un lado a otro con el porte sensual y soberbio que tanto me gustaba ver en él cuando bailaba.

Esa noche fue inolvidable, no sólo por lo bien que la pasamos, sino por la inesperada declaración que hizo Julio frente a todos los presentes una vez que cesaron los aplausos.

Le pidió con señas el micrófono a uno de los meseros y, sin soltar mi mano, pronunció palabras que quedarán grabadas en mi corazón para toda la vida:

—¡Estarán de acuerdo conmigo en la belleza insoportable de esta mujer! —Dijo, señalándome con la mirada ante los gritos afirmativos de esos amables desconocidos... Y el inevitable sonrojo en mis mejillas.

—¡Y eso que no la conocen como yo! O muchos de ustedes se enamorarían irremediablemente de ella. Si la vieran sonreír a carcajadas después de oír uno de mis peores chistes o caminar conmigo en silencio, sin tener que decir una palabra para acompañar la más oculta de mis soledades. Si la vieran entrar y salir del dolor, con la entereza de un guerrero como la he visto yo o consolar la tristeza de alguien más con la ternura y la compasión a flor de piel.

—Esta mujer restaura todo lo que toca e ilumina todo

con su presencia y ¿saben qué es lo más increíble? Que no hace alarde de ello, es más, creo que ni siquiera se ha dado cuenta de todo lo que su existencia provoca. No sólo tiene la mirada más hermosa y transparente que mis ojos hayan visto, sino el milagro del amor genuino y universal, implícitos en su corazón y en su alma.

—¡Ella ama porque no puede hacer otra cosa que amar!, ¡brilla porque es luz!, y está aquí, a mi lado, porque Dios me quiere mucho y escuchó mis plegarias.

Emocionada hasta las lágrimas, recibí aquellas palabras y un anillo de compromiso que colocó en mi dedo, al tiempo de preguntar con la voz entrecortada y la mirada cristalina:

—¿Quieres ser mi compañera de vida Marian?

—¡Sí quiero mi amor!

Capítulo VIII

¡Cuántos Secretos!

El calor de mayo me inquietó el sueño, y luego de dar varias vueltas en la cama resolví salir a tomar un poco de aire al jardín, mientras casi todos dormían, excepto Gabriel, quien también tenía insomnio.

—¿Nerviosa por tu boda? ¡Ya deberías estar acostumbrada a esos trajines! —Dijo en tono burlón, haciendo alusión al matrimonio fallido con Álvaro hacía menos de un año.

Sonreí forzada, en señal de la poca gracia que me había causado su comentario, pero igual me senté junto a él en una mecedora de mimbre. Permanecimos en silencio algunos minutos, entre el canto de los grillos y la oleada suave de las hojas del naranjo.

—¡Te voy a extrañar! —Confesó entre dientes, jalando suave y juguetón la coleta mal hecha de mi cabeza.

—¡Te recuerdo que voy a vivir a menos de diez pasos de aquí! ¡Eres un exagerado! —Le dije, acomodándome el peinado.

—Como sea, no será lo mismo, ya me había acostumbrado a tener que aguantarte todo el día, como cuando éramos chicos. —Bromeó nuevamente, riéndose por hacerme desatinar.

—¿Has hablado con mamá últimamente? —Le pregunté, cambiando el tema y el tono de la conversación.

—¡No!

—Sería bueno que la llamaras y empezaran a sanar su relación.

—¡Hay muchas cosas que tú no sabes, Marian!, —me interrumpió de tajo, mirando fijamente al cielo—, y no sé si debas saberlas.

—Ya no soy una niña Gabriel, aunque mi mamá y tú insistan en verme así. ¿Qué pasó entre ustedes la noche en que murió papá? ¿Por qué discutieron tan fuerte después del funeral?

—Tú tenías, si acaso, dos o tres años cuando yo aprendí a manejar el Ford Mónaco beige nuevecito de papá. Todos los chicos de la colonia me envidiaban por eso. Ese día papá salió muy temprano en la camioneta de carga para recoger una mercancía que acababa de llegar para la fábrica. No fue a comer, ni llamó durante todo el día, y mi mamá y yo comenzamos a angustiarnos por lo tarde que se hacía sin que él regresara a casa. Entonces supusimos que estaría en la cantina de siempre bebiendo sin parar...

—Te escucho.

—Preocupado, y a la vez excitado por la idea de manejar el auto de papá, le propuse a mamá que me dejara ir a buscarlo. Ella titubeó un poco, pero al fin aceptó. Cuando llegué a la cantina de Los Vallejo, así se llamaba la segunda casa de nuestro padre, entré azorado en medio de gritos y un enorme alboroto. Me percaté de que varios tipos estaban presenciando, en forma de círculo, la terrible golpiza que un borracho le estaba propinando a otro. Los rodeé a todos buscando la cabeza de mi padre entre la de ellos, pero no lo encontré. Entonces, como cuando se abre el telón en una sala de teatro, aquel círculo de borrachos comenzó a desasirse lentamente hasta dejarme espacio suficiente para ver en primera fila aquella escena de terror. Un hombre gigantesco pateaba con todas sus fuerzas el cuerpo casi inmóvil y ensangrentado de mi papá.

—Supe que era él —continuó Gabriel—, por la camisa que llevaba puesta y las botas vaqueras que en aquel tiempo le gustaba usar.

Me llevé las manos a la boca para contener los sollozos y no interrumpir el relato de mi hermano.

—Yo era un niño Marian, y ningún hijo de... de todos sus supuestos amigos tuvo los pantalones para defender a mi papá como lo hice yo. Con una furia que jamás he vuelto a experimentar, me abalancé sobre ese sujeto rasguñándole y mordiéndole todo lo que pude. Debió verse a sí mismo muy cobarde en ese momento ante mi presencia, por estar abusando de esa forma de un pobre borracho indefenso y automáticamente dejó de golpearlo y, sin decir nada, se abrió paso entre los morbosos que seguían apilados y se fue.

—Como pude, levanté a mi papá y con ayuda del cantinero, lo subimos en el auto y lo llevé de vuelta a casa. Las costillas rotas le soldaron y los moretones desparecieron con el tiempo, pero aquella escena y el rostro del agresor nunca se borraron de mi memoria. Hace cinco años el destino me puso de nueva cuenta frente a él. Ese día era mi cumpleaños y salí temprano de la oficina para tomar una cerveza con los compañeros del trabajo.

—Después de un par de tragos, un tipo se acercó a la mesa para saludar a uno de mis amigos. La sangre se me encendió al reconocerlo, era el mismo barbaján que pateó a mi padre en aquella cantina.

—¿Qué hiciste Gabriel? Hace cinco años en el día de tu cumpleaños, fue el infarto de mi papá.

Asintió desencajado, y severamente consternado prosiguió:

—Comencé a agredirlo verbalmente y a empujarlo ante la sorpresa de mis compañeros, pero el tipo no se defendió. En cambio, me suplicó sentarme con él en otra mesa para platicar. Por supuesto lo rechacé, hasta que con una frase, me dio la más terrible de las bofetadas. "¡Tú y yo llevamos la misma sangre muchacho!", aseguró con vehemencia.

Abrí los ojos tanto como pude, al tiempo que Gabriel me tomaba de las manos tembloroso y con lágrimas en los ojos.

—¡Tú y yo somos medios hermanos Marian! ¡Martha Jiménez no es mi madre!

—¿Qué estás diciendo?

—Ese hombre me reveló un secreto que cambió mi vida para siempre. Nuestro padre sostuvo una relación clandestina con la que fue mi verdadera madre. Cuando yo nací, ella decidió abandonarme en manos de mi padre para poder seguir su carrera de vedette lejos del país. Él me llevó a su casa y convenció a su mujer para que me aceptara como el hijo que hasta ese momento ella no había podido concebir. Durante años ella creyó que un cura le encomendó a mi padre la educación de ese pobre recién nacido abandonado a las puertas de su iglesia.

—¡Eso no es cierto! —Dije, moviendo mi cabeza con absoluta negación.

—¡Yo tampoco quería creerlo Marian!, el hombre que me estaba presentando mi pasado era el hermano menor de mi madre. La saña con que golpeó a mi papá aquella madrugada fue provocada por los insultos que mi padre le mandó decir con él a su hermana. Salí de ese bar embrutecido por la rabia y el dolor y fui directamente a buscar a mi padre para que me diera una explicación, pero no había nadie en la casa.

—¡No!, estábamos en la tuya, esperándote con una fiesta sorpresa organizada por Angélica. —Le dije empezando a entender lo que había acontecido aquella noche.

—Quería correr a todos los invitados, ¡quería gritar!, ¡quería desaparecer!, pero en lugar de hacerlo comencé a beber desesperadamente, haciendo esfuerzos sobrehumanos por sonreír ante toda esa gente. Sin embargo, el alcohol, lejos de tranquilizarme, me perturbó aún más.

—Lo último que recuerdo yo de tu fiesta y de ti es que antes de irme con Lucía a otro compromiso, tú desapareciste y ni siquiera pude despedirme de ti.

—Desaparecí de la reunión sin decir nada y me encerré en mi recámara porque ya no podía soportar más aquella farsa. Angélica subió para reclamarme mi actitud, pero ni siquiera levanté la mirada para contestarle. Nada más le ordené que llamara a mi padre y que nos dejara solos.

—El viejo entró a mi habitación tarareando un bolero, como era su costumbre, sin sospechar lo que quería decirle. Lo acorralé con mil preguntas, las cuales quiso evadir a toda costa. "Estas borracho", me decía. Pero cuando pronuncié el nombre de Julieta Méndez, palideció por completo y se dejó caer sobre la orilla de la cama. No pudo articular palabra, en cambio yo vomité toda la furia que me estaba quemando por dentro. Le dije cosas tan hirientes...

Gabriel no pudo seguir hablando, nunca antes lo había visto llorar de esa manera. Mi hermano había vivido lleno de amargura y culpa por aquella noticia y por la dureza con que había tratado a su padre minutos antes de morir.

Mi mamá oyó toda la conversación porque estaba escuchando en la puerta sin que Gabriel y mi papá se percataran, hasta que le dio a su esposo el infarto que lo dejó sin vida.

Fue por eso que a la salida del funeral los vi manotear y discutir acaloradamente a varios metros de mí. Pero yo estaba inconsolable y no tuve fuerzas para acercarme a ver lo que estaba sucediendo entre ellos.

Minutos más tarde vi a mi hermano alejarse con Angélica y los niños.

Ninguno de los dos se atrevió a contarme los motivos de esa separación. Yo, simplemente, sabía que había perdido a mi padre, a mi hermano y a mi madre al mismo tiempo, pues desde ese día ella se encerró en una nube gris que nunca pude penetrar.

Capítulo IX

El despertar espiritual

Poco a poco, comenzaron a asomarse los primeros efectos de recuperación emocional de mis sobrinos, gracias a la ayuda de la terapeuta y sus primeras reuniones de grupo con otros hijos de alcohólicos.

Valeria empezó a salir con más frecuencia acompañada de chicos de su misma edad. Seguía siendo responsable y perfeccionista, pero su nivel de posesividad había bajado considerablemente. Se divertía y se tomaba menos en serio a sí misma y a los problemas.

Una tarde, mientras me preparaba un café en la cocina, me llamó la atención el elevado tono de voz que estaba usando Bianca al teléfono.

—¡Siempre vamos a ver la película que tú quieres y ya estoy harta de que las cosas sean así! ¡Esta vez la elijo yo y, si no estás de acuerdo, invita a alguien más!

Con una enorme sonrisa aplaudí la actitud de mi sobrina, una vez que le colgó el teléfono al patán que tenía de novio.

—Todo me tembló tía, pero tengo que aprender a poner límites y a respetarme a mí misma, como dice Isabel.

—¡Totalmente de acuerdo preciosa! —Le dije, abrazándola efusivamente.

Adrián, en cambio, estaba practicando el difícil arte de la tolerancia. A menudo lo observé apretándose los puños para no expulsar energía negativa por la boca. Sus calificaciones mejoraron y negoció con su padre los días y las horas en que podía seguir ensayando con su banda.

Y mi pequeña conciliadora nos sorprendió a todos con frases como: ¡Allá ustedes si les gusta vivir discutiendo!, ¡es su problema! O cuando su papá tenía un ataque de neurosis decía: ¡Sólo tiene tosferina, no pasa nada!, haciendo referencia al cuento que Julio le había relatado acerca del rey que tosía todo el tiempo.

Sé que los momentos y las imágenes más traumáticas del alcoholismo de mi hermano quedarán grabados en su memoria tal vez para siempre, pero a pesar de eso y, aun gracias a eso, es que todos, incluida yo, tuvimos la oportunidad de comenzar a vivir de una manera más sana y positiva.

El hecho de entender al alcoholismo como una enfermedad familiar nos permitió, entre otras cosas, ponerle nombre y apellido a nuestras propias disfunciones personales. Ahora ya no éramos marcianos en el planeta Tierra, o rebeldes sin causa, o cobardes sin carácter, o insensibles u obsesivos compulsivos. Tampoco éramos almas de la caridad, ayudando a todo el que veíamos en problemas.

Fue tan liberador saber que todos esos defectos de carácter y esas actitudes enfermizas tenían una causa y también una solución.

Simplemente, éramos hijos de una familia disfuncional y, por lo tanto, codependientes ¡ahora en recuperación!

La boda estaba planeada para mediados de mayo, esta vez yo estaba más entusiasmada que nunca. Laura y Hernaldo nos propusieron que la recepción se realizara en su nuevo restaurante. El lugar no era muy grande, pero era acorde con la intimidad y la sencillez que ambos pretendíamos conservar en nuestro enlace.

De otra manera, no hubiésemos tenido otro remedio que rentar algún auditorio para poder invitar al millón de amigos de mi futuro esposo.

Mi amiga Lucía y yo seguíamos al tanto la una de la otra, pero en un arranque de entusiasmo, decidió viajar a Guadalajara por un fin de semana, para compartir conmigo antes de que me convirtiera oficialmente en señora, como ella decía.

Julio me acompañó a recogerla al aeropuerto y ese par de amores míos se convirtieron en grandes amigos desde que se conocieron.

Las fuerzas ya no me daban para seguir riéndome tanto con las ocurrencias de los dos durante el camino de regreso a casa.

Lucía se instaló en mi recámara, y Julio se despidió no sin antes hacer desatinar a Chepe, como de costumbre. Quiso dejarnos solas para que pudiéramos platicar las innumerables aventuras que cada una habíamos pasado en la distancia. Pero acordamos encontrarnos al día siguiente para cenar en el restaurante de Hernaldo y Laura.

Lucía y yo hablamos sin parar, lloramos, reímos, recordamos viejos tiempos. Incluso, accedió a acompañarme a una de mis reuniones de Al—Anon. Ella era algo escéptica, pero al salir me confesó que ahí se había dado cuenta del alcoholismo velado de su actual pareja y consideró seriamente buscar un grupo de autoayuda al regresar a México.

—¡Me siento tan feliz amiga!, —le anuncié a Lucía—, ¡estoy enamorada de un hombre increíble!, ¡mi familia está empezando a recuperarse después de tantas tragedias!,

¡tengo un proyecto de vida que me está devolviendo la cordura y las ganas de vivir extraviadas durante tanto tiempo y, como si fuera poco, tú estás aquí! ¡No sabes cuánto te he extrañado! —Concluí emotiva, mientras conducía rumbo al restaurante donde nos encontraríamos con Julio.

Lucía me miraba conmovida y, a pesar de odiar las cursilerías, no pudo evitar que una lágrima la traicionara.

El tráfico estaba apabullante. Eran las ocho cuarenta de la noche cuando llegó un mensaje de Julio a mi celular, me avisaba que ya nos estaba esperando. Le pedí a Lucía que le contestara y le dijera que teníamos un retraso como de quince minutos.

Abrí la ventanilla del auto un poco más para asomar mi cara y respirar el aroma fascinante que despide Guadalajara por las noches en primavera.

—¡Sí que tu novio es cursi! —Exclamó Lucía, antes de leerme el mensaje que Julio había respondido:

No te preocupes, te esperé, te espero y te esperaré paciente, en ésta y en todas mis demás vidas. ¡Te amo!

—Esto sí es cursi, Dios mío, pero daría lo que fuera porque un hombre me hablara así.

Al fin pudimos llegar a nuestro destino. Encontramos un lugar para estacionarme justo afuera de uno de los enormes ventanales que daban a la mesa en la que nos estaban esperando Julio y nuestros amigos.

Mientras subía la ventanilla del auto, Lucía se quedó mirando fijamente una camioneta que estaba estacionada con el motor encendido frente a nosotras.

—Esos tipos están muy sospechosos amiga.

—¡Bájale a tu paranoia chilanguita! —Bromeé inocente.

Pero apenas cerré la portezuela del coche, la camioneta casi se vino encima de nosotras para bloquear el paso a un auto gris oscuro que venía seguido por otras dos camionetas iguales. En un abrir y cerrar de ojos, un séquito de hombres bajaron de cada camioneta y disparaban en contra del auto emboscado. Lucía comenzó a gritar despavorida dentro de nuestro coche, y yo no sé por cuántos segundos permanecí inmóvil hasta que vi a Julio salir corriendo a mi encuentro.

Uno de los sicarios no entendió ¡¿por qué alguien saldría corriendo en medio de un tiroteo?! Y, con toda la sangre fría y la precisión del mundo, le disparó a Julio a tan sólo dos metros de mí.

—¡No! —Grité enloquecida.

No supe en qué momento se alejaron los asesinos, ni cuándo llegaron las patrullas y la ambulancia. Lo único que sé es que la sangre no dejaba de extenderse por la camisa blanca de Julio.

—¡Mi amor! ¡Tranquilo, vas a esta bien! —Le decía tratando de convencerme yo misma—. ¡Una ambulancia! —Ordené mil veces a cuanto humano veía en frente.

Laura y Lucía se quedaron conmigo tratando de mantener a Julio con los ojos abiertos, mientras que Hernaldo preguntaba entre sus comensales si había algún médico presente.

Julio se aferró a mi mano y mi mirada a la suya. Vi una lágrima salir de su mejilla.

—¿Te duele mucho mi amor?

—¡No tanto como tener que esperar otra vida para volver a encontrarte preciosa! —Dijo sonriendo a pesar de todo.

—¡Eso no va a pasar! ¡Este es nuestro turno de ser felices! ¿Entiendes? La ambulancia ya no tarda, te vas a poner bien y en pocos días esto no será más que un mal sueño. —Repliqué enérgicamente, mientras limpiaba sus lágrimas y asomaban las mías.

El único momento en que solté su mano fue cuando los paramédicos lo instalaron en la camilla para subirlo a la ambulancia. Llegamos al hospital en pocos minutos, pero para mí fue toda una eternidad. Sobre todo, cuando vi la enorme dificultad que Julio tenía para respirar.

—¡No puede respirar! —Le dije histérica al paramédico, quien de inmediato le colocó una mascarilla de oxígeno.

—¡Aguanta mi amor!, ¡ya casi llegamos!

Qué impotencia debió sentir Julio al no poder pronunciar una palabra más. Aun así, apretó mi mano con más fuerza y me guiñó un ojo para tranquilizarme.

—¡Te amo! —Grité con todas mis fuerzas en cuanto una comitiva de hombres y mujeres vestidos de blanco me apartaron de su mano.

Julio permaneció más de tres horas en cirugía sin que nadie nos reportara nada. Bernardo, su hermano, llegó de inmediato y, en medio de mi angustia, vi como uno a uno fueron llegando gran parte de los amigos más cercanos de mi futuro marido. Supongo que Laura y Hernaldo fueron quienes corrieron la voz.

Ese hombre no era un personaje de la política o del espectáculo, pero convocó a tantos corazones, que tuvieron que ser desalojados del pasillo de espera por el personal de seguridad del hospital.

Julio era muy conocido entre los distintos grupos de Al—Anon de la ciudad y de muchas partes del país. Después me enteré que alguno de sus miembros organizó una cadena de oración ¡impresionante! A la misma hora cientos de personas en todo el mundo ofrendaron una súplica a su Poder Superior por la salud de Julio.

Lucía, Gabriel y mis sobrinos permanecieron a mi lado durante esas horas infernales hasta que por fin vimos a un médico asomarse por la puerta del quirófano. Bernardo y yo corrimos a su encuentro, tratando de encontrar en su rostro un resquicio de buen ánimo, pero no fue así.

—¡Está muy grave!, —dijo sin mayor preámbulo—, la bala perforó el ápice del pulmón derecho y, aunque ya drenamos toda la sangre y el agua del órgano en cualquier momento puede volver a producirse y generar un paro respiratorio. Haremos todo lo posible, pero lamentablemente no hay muchas esperanzas.

—¡Quiero verlo! —Exigí como un roble, pero no de fortaleza, sino de dolor.

—Estará en terapia intensiva y sólo podrá verlo unos minutos, pero será más tarde. Espere a que la enfermera se lo indique.

Retrocedí unos pasos y me alejé en busca de una capilla sin prestar oídos a nadie. Creo que mis sobrinos me siguieron, pero no reparé en ello.

Una vez que estuve frente a aquel Cristo, que para mí representó desde niña mi Poder Superior, rebasé todos los límites de cordura.

—¡No es justo! —Le reclamé enajenada de dolor—. ¿Por qué nos haces esto? ¿No se supone que tú eres un Dios de amor? ¿Por qué tanto dolor? ¡Me duele! ¡Me duele mucho! —Le dije cayendo de rodillas—. ¡Toda mi vida esperé conocer el amor! ¿Por qué me concediste conocerlo si me lo ibas a quitar de esta manera?

—Perdí a mi padre!, ¡casi pierdo a mi hermano!, y... ¡ahora!... ¡No me lo quites a él también! ¡No te lo lleves a casa todavía!

Entonces escuché pronunciar mi nombre. Era Bernardo para avisarme que la enfermera nos permitiría entrar a ver a Julio.

No sé de dónde saqué fuerzas para mantenerme de pie. Después de ver su mente y su cuerpo inertes, torturado por agujas y cables conectados a un montón de aparatos.

—¡Alguna vez quise matarte bribón!, hoy daría todo lo que tengo y todo lo que soy por mantenerte vivo. —Le anunció Bernardo hecho un mar de lágrimas—. ¡Nunca te dije lo mucho que te admiro y más te vale que me estés escuchando!, porque no sé si vuelva jamás a decir esto: ¡Te amo hermano!, y ¡te necesito mucho más de lo creía! ¡Tienes que librar esta batalla, has librado tantas, que ésta sólo es una más! Ceci ya viene en camino y dice que si se te ocurre morirte, ¡te mata! ¿Entiendes?

La potencia de la voz lo traicionó por completo. Besó su cabeza y salió para dejarme a solas con él, el minuto que me quedaba.

Quería decirle tantas cosas, pero esos sesenta segundos sólo me dejaron prender mis labios a esa mano tan pálida y débil que apenas reconocía.

—¡Te amo como no sabía que se podía amar! ¿Sabes? ¡Vive! ¡Vive por ti! ¡Vive por mí! ¡Vive por nosotros! ¡Te lo suplico!

Los días y las noches transcurrían sin más noticias que las de nuevas complicaciones. La espera cruel para poder entrar a verlo por sólo unos minutos me estaba matando, casi tanto como la incertidumbre.

Su vida pendía de un hilo y yo tenía que resignarme a verlo diez o quince minutos tres veces al día. Eso me parecía tan arbitrario, cuando nadie me aseguraba que su corazón seguiría latiendo hasta el siguiente turno de visita.

Aun así, acepté alejarme del hospital un par de horas para darme un baño hasta el cuarto día de esta pesadilla.

Entre lágrimas y gotas de agua repasé los instantes más hermosos que viví al lado de Julio desde aquella conferencia que me abrió los ojos a la luz de un nuevo entendimiento de mi propia vida y la de mi familia, hasta la emotividad de sus palabras la noche que me propuso matrimonio frente a aquellos desconocidos.

Amaba tanto a ese hombre que me resultaba insoportable la idea de no volver a escuchar su voz o sentir el calor de su piel.

Admito que mi dolor tenía una enorme dosis de egoísmo. Sabía bien que Julio no temía a la muerte, sino por el contrario, la encontraba liberadora y fortuita por el reencuentro con la presencia de su Poder Superior.

Pero yo no había aprendido aún a ver ni a la vida ni a la muerte como lo hacía él.

Antes de regresar al hospital escuché ladrar a Ringo y reparé en el enorme apetito que debería tener, luego de cuatro días sin la presencia de su amo.

Busqué el duplicado de llaves que Julio me entregó antes de su último viaje para que yo pudiera atender a su fiel compañero y me introduje en el enorme vacío que se sentía en ese espacio que, hasta hacía unos cuantos días, era mi futura casa.

Julio me había propuesto redecorarla a mi gusto y me detuve frente al cuadro recién colocado en la pared del estudio, que días antes habíamos comprado juntos en una galería del centro. El óleo interpretaba la identificación de dos almas reflejadas en los ojos de una mujer mirando a su amado.

Las lágrimas sobrevinieron otra vez y caí desplomada en la silla del escritorio antiguo que Julio recibió como herencia de su padre.

Entre mis manos, tomé su agenda de piel, el porta tarjetero, las plumas, y cuanto objeto encontré a mi alcance. Los aferré a mi pecho, buscando un indicio de su aroma, pero encontré algo más que eso: Unas hojas escritas por su puño y letra que no sólo me devolvieron la esencia de ese hombre, sino también la fe perdida.

Llegar a creer en la existencia de un Poder Superior fue el paso ¡más difícil!, pero ¡más extraordinario que di en la vida! Cuando era niño me hablaron de un "Cielo por premio" si me portaba bien y de un "Infierno calcinante" si me portaba mal.

El concepto que me dieron de Dios entonces... fue el de un señor barbón que me espiaba por todos los rincones para descubrir y castigar todas mis faltas. ¡Y como cometí tantas!, creí que así como me iba de mal en la vida, me iba a ir de mal en la muerte.

Yo le tenía miedo a ese Dios... y cuando uno le teme a algo, prefiere no acercarse.

También me dijeron que si yo le pedía favores y le rezaba todas las noches hincado ¡frente a un crucifijo!, Él me concedería lo que fuera. Y yo no entendía por qué después de los miles de rosarios que mi madre me obligó a rezar, mi papá seguía bebiendo, y mi familia se destruía cada vez más.

¡Dios no existe! Resolví aquella noche en que mi padre y yo nos destrozamos a golpes y me corrió de casa.

Vagué empapado entre lluvia y lágrimas por las calles desiertas de esta enorme ciudad, hasta encontrarme frente a frente con las puertas cerradas de una iglesia, como las de mi hogar... Y con todas mis fuerzas se lo grité: ¡Tú no existes!

Muchos años después, cuando al fin encontré las puertas abiertas de una familia enorme como Al—Anon, fui confrontado por mi padrino acerca de mis resistencias para poder practicar los pasos que conllevan la participación de un Poder Superior.

Qué frágil es la fe de aquel que cree que los milagros suceden cuando las cosas marchan en la dirección de su voluntad humana. No imaginan que los verdaderos milagros se producen al permitir sin resistencias que la voluntad de Dios se manifieste en sus vidas.

¡Entiéndeme!, yo no puedo creer que haya un Dios, después de todo lo que he vivido. Le dije, cerrando por completo aquella conversación.

Al poco tiempo fue que comprendí la veracidad de sus palabras.

¡Hoy puedo afirmar que Dios existe!, y que las grandes tragedias de mi vida han sido las precursoras de los mejores regalos que he recibido.

De no haber sido por el alcoholismo de mi padre y la disfunción de mi familia, no hubiese podido acceder a un programa de vida que me ha transformado en el ser humano pleno y fuerte que soy el día de hoy.

Cuando perdí a mi madre, experimenté el más intenso de todos los dolores. Esa morenita de metro y medio de estatura, a pesar de todos los pesares, fue el ser que ¡más amor me dio!

Murió en mis brazos, sin que nadie pudiera evitarlo. Esa tarde yo mismo quise comenzar a morir. Durante días y noches enteras me entregué a mi pena sin permitir el consuelo de nadie, encerrado en mi habitación.

Ya no había culpas ni resentimiento en mi corazón. Para ese entonces, ya tenía dos años de haber emprendido mi recuperación y había logrado una relación maravillosa con esa mujer y, justo cuando comencé a disfrutarla, la muerte me la arrebató.

Eso me parecía ¡tan injusto y tan cruel!, pero ni siquiera tenía un Dios a quien reclamarle y eso me hacía sentir todavía peor.

Si por mí hubiera sido, no habría salido de mi guarida jamás.

Pero los golpes a mi puerta y el timbrar constante de mi teléfono me distraían de las estrategias suicidas que mi mente fraguaba como la única salida para tan insoportable sufrimiento.

Cansado de las interrupciones y convencido de que lo mejor sería dar por terminada mi existencia lejos de los que me querían, decidí tomar un avión y consumar mis planes en Estados Unidos de Norteamérica en el estado de California. En mi ejercicio de compra y venta de bienes raíces recién había adquirido un inmueble en condiciones bastante deterioradas, pero a un excelente precio, en el este de Los Ángeles.

Arribé una tarde lluviosa de enero sin más equipaje que un pequeño portafolio, veinticinco años de recuerdos y ningún aliciente para retractarme de mi decisión.

—Los tornados de este año han azotado más fuerte que nunca los alrededores de esta ciudad y parece que vienen más. —Me alertó, preocupado, el taxista de origen salvadoreño que me condujo hasta mi casa.

Pero no hice ningún comentario, mi mente ya había definido, el "dónde", pero seguía ocupada en elegir el "cómo" consumaría sus días.

Una vez que entré en esa casa desvencijada, que antes de que mi mamá agravara me había entusiasmado tanto comenzar a remodelar, pero que en ese momento estaba en perfecta sintonía con el letargo y el desgaste de mi propio espíritu, me percaté de la montaña de correspondencia que estaba debajo de mis pies.

Eran un montón de sobres que aludían el nombre del dueño anterior pero, para mi sorpresa, uno de ellos resaltaba por el tamaño y el color de su papel y estaba membretado con mi nombre.

Meses antes había conocido a una chica americana en una convención internacional de hijos adultos de alcohólicos, con sede en mi país. Ella vivía en un condado de Los Ángeles y se entusiasmó mucho cuando le conté de la casa que acababa de comprar a unos minutos de distancia de la suya.

Intercambiamos teléfonos y direcciones. Y yo quedé en buscar-

la para que me orientara en los trámites que habría de realizar antes de restaurar mi propiedad. Pues casualmente, por no admitir que "diosidentemente", ella era arquitecta.

En un gesto amable e inexplicablemente oportuno, se le ocurrió hacerme llegar a esa dirección un pergamino en señal de bienvenida para cuando visitara mi casa en California.

El pergamino estaba impreso con la oración de la serenidad, que los grupos de doce pasos pronuncian en cada reunión y que es uno de sus emblemas principales:

"Señor, dame serenidad para aceptar las cosas que no puedo cambiar. Valor, para cambiar las que sí puedo y sabiduría para reconocer la diferencia".

El sobre también contenía una pequeña nota escrita en español, que seguramente alguien le ayudó a redactar, que decía:

"Hoy aprendí a no preguntarle a Dios ¿por qué?, sino ¿para qué? Y quise compartirlo contigo. Recuerda siempre que Él está tan solo a una oración de ti".

No como nosotros, que ahora estamos tan lejos. Así que cuando llegues a Los Ángeles, llámame para charlar.

Un vuelco en el pecho y unas inmensas ganas de llorar me invadieron por completo.

¿Cómo podían haber llegado a mis manos esas palabras, justo en ese momento?

Quise evadir la emoción que estaba sintiendo, haciendo uso de mi razón, como siempre hacía para explicar las cosas que otros suponían sobrenaturales. Pero me desarmé por completo cuando reparé en la fecha en que había sido remitido ese mensaje. Era la misma en que había muerto mi madre.

Entonces comprendí que era el momento de clamar otra vez el nombre de ese Dios que desterré de mi mundo años atrás.

¿Dónde estás Dios? ¿Dónde has estado todos estos años? Le pregunté como un loco, caminando de un lado a otro. Si de veras existes, dame una maldita razón por la que yo deba seguir vivo.

Dios no tiene una voz humana, aunque de vez en cuando utiliza la de alguien, pero esa tarde quiso contestarme por medio del viento que en un instante, sin que yo lo esperara, comenzó a soplar con una fuerza inconmensurable.

Las enormes palmeras de la casa contigua, se retorcían en todas las direcciones. Y los ventanales vibraban estrepitosamente con intenciones de estallar en mil pedazos. Por un momento sentí mucho desconcierto al tiempo que se erizaba mi piel, pero ¡no porque mi vida estuviera en peligro!, a fin de cuentas, había escogido ese sitio para morir. Sino porque, sin duda alguna, estaba sintiendo por vez primera la presencia de Dios.

Me llevé las manos a la cara y sollocé como un niño, hasta que escuché una voz proveniente de la nada que me dijo cálida, pero firmemente: ¡Te estaba esperando!

En ese momento levanté el rostro y vi como, poco a poco, las palmeras empezaron a mecerse suave y armoniosamente hasta quedar en pie. Con cuidado abrí la puerta que daba paso al jardín trasero y, luego de encontrarme cara a cara con un enorme arco iris, le dije a mi Creador:

¡Yo también te estaba esperando!

Esa tarde fue y será siempre el gran parte aguas de mi vida. Porque fue entonces que supe lo que era un despertar espiritual. Mi madre ya había completado su ciclo en este mundo y eso me había trastornado de dolor, pero gracias a esa pérdida fue que encontré a mi Poder Superior y pude convertirme en un hombre de fe.

Ahora sé que cada obstáculo, cada pérdida, cada fracaso... encierra un regalo amoroso y sabio de mi Poder Superior que puedo descubrir, haciéndole dos sencillas preguntas: ¿Para qué señor? y ¿qué quieres tú que yo haga?

Las respuestas casi siempre son inmediatas, así como la sere-
nidad y la calma que, invariablemente, vienen con ellas.

Julio había preparado ese material para la siguiente conferencia que habría de impartir, ¡Dios santo!, esa misma tarde.

Me di cuenta al leer la pequeña invitación que venía engrapada a la primera hoja de aquel escrito. Me limpié las lágrimas y tomé el teléfono para llamar a Hernaldo. Le pregunté si él sabía algo referente a esa conferencia.

Me confirmó que, pese a la ausencia de Julio, el evento se llevaría a cabo y que sería precisamente él quien tomaría su lugar. Le conté del testimonio que había encontrado y, emocionado, me suplicó que se lo prestara para poder transmitirlo a nombre de él.

Y así lo hice, pero antes pasé al hospital, pues por ningún motivo perdería los quince minutos de visita que me dejaban estar cerca de él.

Besé su frente para avisarle que había llegado.

—¿Cómo le haces para seguir enseñándome tantas cosas a pesar de estar aquí? —Le pregunté con dulzura, pero sobre todo con una enorme gratitud. Alguna vez me dijiste que si de algo te gustaba hablarle a la gente, era de fe y esperanza en un Poder Superior porque, para tu juicio, ese era el ingrediente más importante en la complicada receta de aprender a vivir.

—Esta tarde no será tu voz, pero sí tus palabras las que den ese mensaje. ¡Hernaldo y yo nos vamos a encargar de eso, mi amor! —Le anuncié sonriendo con la certeza de que me estaba escuchando.

Uno de los grupos más antiguos y consolidados de Guadalajara estaba celebrando un año más de existencia y convocó a cientos de personas a tan importante acontecimiento. Julio Allende había sido el invitado de honor, sin embargo, todos lamentaban los motivos de su ausencia.

Hernaldo ya había dado inicio a la conferencia y le hice llegar con una de las edecanes las hojas que Julio escribió con su puño y letra, pero a ese amigo mío ya se le había hecho costumbre meterme en líos frente a la gente.

Me persuadió, a través del micrófono, a sentarme a un lado suyo y ser yo el portavoz de aquel mensaje.

Sólo Dios sabe cuánto me costó controlar las lágrimas y el quebranto de mi garganta mientras di lectura a aquellas palabras.

—Estoy segura de que Julio no sólo nos está acompañando esta tarde por medio de su testimonio, sino que su corazón y su espíritu también están aquí. Durante casi 17 años, contra viento y marea ha compartido su crecimiento emocional y espiritual a quienes han querido escucharlo y ni una bala, ni todos los tubos que lo mantienen conectado a un respirador artificial, han podido impedir que él siga cumpliendo su misión de vida.

—Hace unas cuantas horas encontré este manuscrito, mientras lloraba amargamente y sin esperanza alguna, por la gravedad de mi compañero. Él, mi pena, y principalmente Dios, me condujeron hasta ese escritorio para que ustedes y yo pudiéramos recibir este mensaje. Al menos en mí ha causado un extraordinario impacto, en medio de la angustia y la tristeza que me embargaba. En este momento puedo decirles que he resuelto confiar mi vida y mi voluntad completamente en las manos de mi Poder Superior.

—¡Acepto humildemente Señor, cualquiera que sea tu voluntad sobre mí, y el hombre que tanto amo!, incluso si esto significa que te lo lleves de mi lado. —Pensé en voz alta ante las lágrimas y las sonrisas de todos los oyentes.

Un estado de paz y sosiego invadieron mi ser, una vez que pronuncié esas palabras. Ahora estaba en manos de Dios, y nada era mejor que eso.

Los aplausos, la oración colectiva y esta carta escrita por mí, durante las largas horas de espera en el pasillo de aquel hospital inspiradas en Julio, cerraron el evento:

A ti, que a pesar de todo, y a pesar de tanto, aún continuas de pie.

A ti, que con tu esperanza has dado a mi dolor el suave bálsamo de la comprensión.

A ti, que al compartirme tu pequeñez, me demuestras ¡cuán grande eres!, y ¡cuánto puedo aprender de ti!

A ti, que sin juzgarme, me das la certeza de que al fin, para alguien, tienen sentido mis palabras.

Gracias por recorrer este camino conmigo porque tu lucha es mi lucha, porque tu valor me fortaleció para ser capaz de defender mi vida.

Porque tu sonrisa me alentó a buscar en dónde había extraviado la mía.

Gracias, sobre todo, por mostrarme a tu Dios y permitirme encontrar al mío.

Porque salvando tu vida me has ayudado a salvar la mía.

Es un lujo tenerte como compañero de vida.

Capítulo X

La voluntad de Dios

De regreso al hospital recibí una llamada mientras imaginaba lo difícil que me sería continuar adelante si Dios decidía llevarse a Julio, pero también reflexionaba sobre las herramientas invaluables que me había enseñado para poder encarar cualquier situación en mi vida, incluso a la muerte misma.

—¿Sí? —Respondí.

—¡Marian!, ¡Julio está despierto y no deja de preguntar por ti. —Me anunció notablemente entusiasmado su hermano Bernardo.

Llegué tan pronto como pude al hospital para encontrarme con un Julio sonriente y parlanchín, como si nunca hubiera estado al borde de la muerte. ¡Apenas podía creer semejante milagro!

—¡Creo que ya me morí hermano! —Dijo al verme entrar en la habitación—. ¡Estoy viendo un ángel!

Empapada en lágrimas de alegría, lo colmé de besos sin dejar de pronunciar la palabra "gracias".

El médico no daba crédito a lo que veían sus ojos. Inesperadamente, Julio despertó del letargo en que se había sumergido por días enteros y logró recuperar su autonomía respiratoria. Según nos indicó el doctor aún permanecía un sello de agua en su pulmón, pero el pronóstico era "fuera de peligro".

—¡No entiendo bien lo que pasó aquí!, —dijo el médico—, pero me alegra que su caso haya superado las expectativas de la medicina señor Allende.

—Dios siempre rebasa las expectativas humanas doctor. —Repliqué convencida, apoyada por la sonrisa asertiva de Julio.

Una semana más tarde pudimos sacarlo del hospital. Y, a un mes de aquella terrible experiencia, no sólo él estaba como nuevo, sino también yo.

Dios quiso postergar el regreso de su hijo a la casa eterna. Y, hasta el día de hoy, no he dejado de darle las gracias. Por esto y por la fe inamovible que me acompaña a partir de esa tragedia.

La amiga americana de mi novio, tenía mucha razón: Todo toma sentido cuando cambias el "¿por qué?" en "¿para qué?".

Han pasado cinco años desde que uní mi vida al hombre más testarudo y socarrón de este planeta y creo que nuestra pequeña Paula está siguiendo sus pasos.

Adora pintarrajearse la boca con mis lápices labiales y sabe bien cómo frenar mis reprimendas.

—¡Me veo realmente linda mami!, ¡no debes enfadarte! —Me replica divertida, al tiempo que estampa mi cara de besos multicolores.

Ayer celebramos la graduación de Valeria. Esa sobrina mía que no sólo está hecha toda una mujer, sino que además es el orgullo de la familia por las magníficas calificaciones con que consiguió titularse como licenciada en mercadotecnia. Lucía tan hermosa en ese vestido de gala color rojo, que no podía dejar de fotografiarla. También admiré conmovida las miradas de orgullo y amor infinito con que la contemplaba mi hermano. Mi cámara se encargó de capturar ese momento.

Adrián y Bianca discutían cada cinco minutos por tonterías, y Nicole, a pesar de sus esfuerzos por ignorarlos, terminó interviniendo un par de veces.

De los cuatro, sólo Valeria y Nicole optaron por militar en un programa de doce pasos en su calidad de hijas de alcohólico.

Bianca busca de vez en cuando a Isabel para platicar de sus cosas y Adrián sigue refugiado en su música, aunque también está por terminar su carrera como comunicólogo.

Gabriel festejará seis años de sobriedad en unos cuantos meses y es un fiel servidor de Alcohólicos Anónimos.

Mi madre viajó para acompañar a su nieta en este momento tan importante. No cabe duda que el tiempo es un gran aliado cuando se trata de cerrar heridas. Gabriel y ella han restaurado poco a poco su relación. A fin de cuentas, los lazos de sangre no significan nada cuando la fuerza del amor prevalece entre dos.

—¿Podrías dejar tu camarita y venir a bailar conmigo?

—¡Julio, espérame!, Adrián se peinó y mi mamá está abrazando a Gabriel, ¿sabes cuándo volveré a ver eso?

—¿Y yo? —Me preguntó haciendo ojitos de niño abandonado.

—¡No seas chantajista!, Julio Allende.

—¡De acuerdo, Marian Toledo, tú así lo has querido! —Dijo mal encarado y se paró de la mesa para ir en dirección de una preciosa ancianita que no dudó ni un segundo en aceptar la invitación de mi marido, para pasar a la pista de baile.

Pero lo único que consiguió fue que mi cámara lo bombardeara de flashazos y más flashazos.

—¡Paula duerme como un angelito desparramado! —Dije tratando de averiguar si el silencio de Julio se debía al cansancio de la velada o a un berrinche por mi negativa para bailar durante la fiesta, y no conseguí que articulara una palabra.

Lo miré en silencio, mientras se desabotonaba la camisa. Y, una vez que se despojó de ella, lo envolví por la espalda en un abrazo travieso.

—¿Estás enfadado conmigo?

—¡Tú sabes que adoro bailar contigo! —Enfatizó en un dulce tono de reclamo.

—Lo sé, ¿me perdonas?

—Con una condición. —Dijo apartándose de mi regazo, para maniobrar en el aparato de sonido y accionar su pieza favorita.

Al verlo regresar en mi encuentro, con la sonrisa pícara y sensual de cada noche... me recordé a mí misma ¡cuánto amaba a ese hombre!

—¿Bailamos?

—¡Hasta el amanecer! —Contesté entregándome a esos brazos, que con una pisca de codependencia, pero también con una tonelada de amor, son mi refugio, y el remanso de todo lo que acontece en este corazón.

Fin.

Datos de contacto

Para contactar a la autora:
annaleony@hotmail.com
Facebook: Anna García Gollaz
www.centroamores.mx

Grupos de familia Al-Anon y Alateen
www.alanon.mx
Teléfonos:
D.F. y área metropolitana: 52089667
Interior de la república: 0155 52082170
contacto@alanon.mx

Grupos Alcohólicos Anónimos
www.aa.org.mx
Teléfonos:
D.F. y área metropolitana: 57055802
Interior de la república: 01800 8214222
contacto@aa.org.mx